Universidade S.A.

Confira as publicações da Coleção FGV de Bolso no fim deste volume.

FGV EDITORA

FGV de Bolso 45
Série Economia & Gestão

Universidade S.A.

As companhias de capital aberto da educação superior no Brasil

Paula Caleffi
Alexandre J. L. Mathias

1ª edição – 2017

Impresso no Brasil | *Printed in Brazil*

COORDENADORES DA COLEÇÃO: Marieta de Moraes Ferreira e Renato Franco
COPIDESQUE: Sandra Frank
REVISÃO: Aleidis de Beltran e Fatima Caroni
DIAGRAMAÇÃO, PROJETO GRÁFICO E CAPA: dudesign

Ficha catalográfica elaborada
pela Biblioteca Mario Henrique Simonsen/FGV

Caleffi, Paula
Universidade S.A.: as companhias de capital aberto da educação superior no Brasil / Paula Caleffi e Alexandre J. L. Mathias. – Rio de Janeiro : FGV Editora, 2017.
100 p. - (Coleção FGV de bolso. Série Economia & gestão)

Inclui bibliografia.
ISBN: 978-85-225-1956-9.

1. Universidades e faculdades – Brasil. 2. Ensino superior – Brasil. 3. Inovações educacionais – Brasil. 4. Sociedades por ações – Brasil. I. Mathias, Alexandre J. L. II. Fundação Getulio Vargas. III. Título. IV. Série.

CDD – 378.101

Editora FGV
Rua Jornalista Orlando Dantas, 37
22231-010 | Rio de Janeiro, RJ | Brasil
Tels.: 0800-021-7777 | 21-3799-4427
Fax: 21-3799-4430
editora@fgv.br | pedidoseditora@fgv.br
www.fgv.br/editora

Agradecemos aos colegas Claudio Zohar, Marcel Sapir e Marcio Roza

Sumário

Introdução

Este livro tem por objetivo trazer informações e provocar reflexões sobre um tema ainda pouco estudado no país: o processo de transformação das instituições de educação superior em grandes grupos educacionais com atuação nacional e internacional.

Na década de 1990, é gestada uma revolução no setor de educação superior brasileiro, tornando-o mundialmente singular. Exemplo disso é que o Brasil tem o maior grupo econômico em educação superior do mundo. Da filantropia às empresas de capital aberto, o Brasil se destaca como modelo de solução para inclusão na educação superior a partir das empresas de educação com capital aberto e listadas na bolsa de valores, bem como dos grandes grupos internacionais.

Este livro vai se deter na análise dos grupos educacionais de capital aberto listados na bolsa de valores, considerados nacionais. Está dividido em cinco capítulos com alguns subcapítulos e uma conclusão.

No primeiro capítulo, fazemos uma contextualização do período e das decisões históricas que facultam a operação no sistema educacional brasileiro de instituições com fins lucrativos, capital aberto e listadas na BM&FBovespa. Será evidenciado o modo como essa entrada modifica estruturalmente todo o sistema, invertendo a lógica de grande demanda por vagas nos cursos superiores por parte dos possíveis alunos e baixa oferta de vagas por parte das instituições de ensino tradicionais, transformada em uma realidade oposta de maior oferta de vagas do que demanda por parte de possíveis alunos.

No segundo capítulo, abordamos a descoberta de um novo negócio por parte dos *private equities*: a educação. Verificaremos o impacto disso em todo o sistema, as consequências de haver instituições que não se atualizaram em termos de gestão e os grandes grupos educacionais S.A., listados no chamado "novo mercado" (dimensão da BM&FBovespa que exige o cumprimento das melhores práticas de gestão vigentes). Segue-se um breve relato sobre a constituição de cada um dos grupos de educação S.A. no Brasil: Anhanguera, Kroton, Estácio Participações, Ser Educacional, Anima Educação. Há ainda duas tabelas sínteses: a primeira trazendo a visão dos grupos citados acima, suas respectivas IPOs (*initial public offers*, isto é, ofertas públicas iniciais), bem como a existência ou não de controlador no grupo; a segunda demonstra o resumo das fusões e aquisições no momento em que ocorreram. Discorremos também sobre a tentativa de fusão entre Kroton e Estácio, que criaria a gigante da educação superior com 1,5 milhão de alunos.

No terceiro capítulo, focamos na distorção entre ensino público e privado no Brasil, com suas consequências. Abordamos a baixa taxa líquida da educação superior, os programas do governo para tentar melhorar essa realidade e atingir as metas do Plano Nacional de Educação para 2024, a importância do financiamento estudantil feito pelo Estado e os preconceitos por serem os grupos S.A. os principais beneficiários dos mesmos, além dos alunos. Trazemos um quadro síntese mostrando o custo do Estado com os alunos nas universidades federais e com os programas de bolsa e financiamento.

No quarto capítulo abordamos a transformação que o ingresso dos *private equities* protagonizam no sistema por dentro das instituições adquiridas, implantando os conceitos de governança, *compliance* e novas maneiras de apurar resultados, com exemplos de DREs. Analisamos as mudanças em todos os setores – planejamento estratégico, meritocracia, metas, remuneração variável, marketing, a introdução da gestão de risco nas instituições pertencentes aos grupos S.A. etc. Expomos um caso de um grupo S.A. que leva metodologia de gestão até a dimensão acadêmica, fazendo ainda um quadro síntese dos modelos de gestão adotados tradicionalmente e dos introduzidos pelos grupos S.A. Discutimos, por fim, a pertinência das transformações, bem como ação e reação dos atores nelas envolvidos.

No quinto capítulo, trabalhamos as possibilidades de inclusão e formação de sujeitos a partir da educação por meio da mediação de novas tecnologias. Analisamos a inclusão de um novo ator no processo de ensino/aprendizagem – o gestor –, possibilitada pela utilização dessas novas tecnologias. Algumas questões abordadas no capítulo são: o desafio do Brasil para a inclusão de massa nas universidades, a hegemonia dos grupos S.A. na utilização da tecnologia para inclusão na educação, os limites conceituais dessa novidade e ainda o entendimento equivocado do professor como custo, em vez de principal ativo das instituições de ensino S.A.

Na conclusão, retomamos pontos relevantes como a pertinência de o ensino superior ser vocativo, discussões sobre se a figura do aluno pode ser vista e entendida como cliente e o papel das universidades S.A. no futuro da educação brasileira.

Este livro é, ainda, composto por um glossário de siglas utilizadas no texto, uma bibliografia básica citada ao longo do texto e o breve currículo de seus autores.

Capítulo 1

Contextualização

O setor de educação superior no Brasil, em decorrência da necessidade perene do serviço que aporta e das altas margens de lucro geradas nos últimos anos, é, atualmente, uma das opções de investimento de fluxos de capital nacional e internacional. Da mesma forma, quem já está operando no setor, com capital próprio, procura alternativas para se manter nele.

A trajetória histórica impressa ao setor de educação superior no país acabou por favorecer uma diversidade de tipos administrativos e figuras jurídicas institucionais interessantes e ricas em peculiaridades. As companhias de direito privado com capital aberto e listadas em bolsa que operam no setor privado brasileiro de educação constituem os chamados grupos educacionais. Tais grupos possuem várias mantenedoras que, por sua vez, podem possuir uma ou mais mantidas, as instituições de educação superior, também conhecidas como IES.

Figura 1 – Estrutura de controle dos grupos educacionais

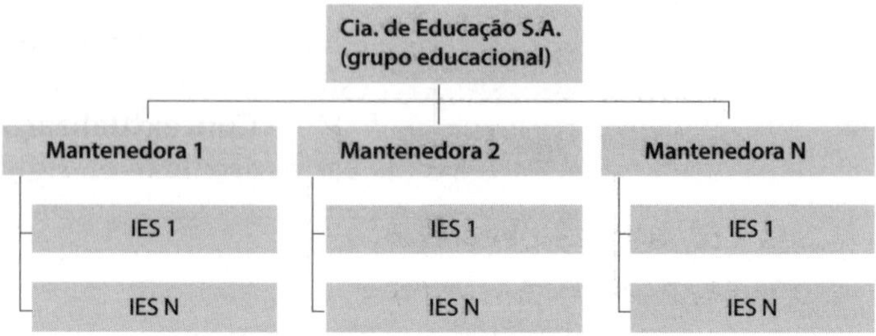

Essas companhias de capital aberto, as S.A., ou grupos educacionais, estão organizadas de diferentes maneiras com relação a propriedade, controle e nacionalidade.

Existem aquelas que abriram o capital em bolsa de valores brasileira – BM&FBovespa – e possuem matriz também no Brasil: Anhanguera, Kroton, Estácio, SER e Anima, até o momento. Essas companhias, apesar de terem como investidores fundos internacionais, são consideradas empresas nacionais, pois, além de ter o capital aberto na bolsa brasileira, também possuem sua matriz localizada em território nacional.

O outro modelo de companhia de capital aberto é aquele que opera no setor de educação superior brasileiro, possui capital aberto e está listado em bolsas no exterior, bem como tem a matriz e o controlador localizados em outros países. Esta é a situação dos grupos Laureate, Devry e Ilumno, entre outros.

Vamos nos deter, neste livro, nas companhias que abriram o capital, estão listadas em bolsa brasileira e possuem sua matriz no Brasil, sendo, por consequência, consideradas nacionais.

1990: a década que mudou a educação superior no Brasil

Até a década de 1990, o setor de educação superior no país era pouco atrativo para novos investidores. Se ainda hoje é um setor altamente regulado pelo Ministério da Educação (MEC), na época, além de regulado era pouco flexível, rígido nos modelos administrativos de organizações que podiam ser licenciadas para operar e limitado também nos tipos jurídicos aceitos pelo governo. Com isso, o setor de educação superior havia se tornado um verdadeiro gargalo, em vez de um componente impulsionador do desenvolvimento do Brasil. Por um lado, havia o mercado de trabalho ávido por capital humano qualificado e uma demanda reprimida de alunos formados pelo ensino médio que queriam fazer um curso superior. Por outro, existia um sistema de educação superior rígido com inelasticidade na criação de novas vagas e pouco atrativo para novos investidores. O sistema de educação superior no país precisava ser transformado.

A promulgação da Lei de Diretrizes e Bases da Educação (LDB) de 1996, seguida de pareceres, decretos e leis ao longo da década de 1990, muda o cenário da educação superior no país, composto até então por:

1) universidades: instituições gestadas na Idade Média, geralmente formadas por conglomerados de faculdades, pluridisciplinar, responsáveis pela produção de pesquisa, conhecimento e também pelas atividades de ensino e extensão;

2) faculdades: focadas em áreas disciplinares, sem a exigência da produção de pesquisa e da atividade de extensão, podendo existir de maneira isolada das universidades;

3) centros de educação tecnológica: especializados no ensino das áreas de engenharia e tecnologias;
4) institutos superiores de educação: visando à formação para o magistério da educação básica.

As universidades tinham autonomia para o lançamento de novos cursos e a expansão de vagas, enquanto as faculdades e os demais precisavam solicitar prévia autorização ao MEC para a expansão do seu quadro de oferta.

Até então, as únicas figuras jurídicas possíveis na educação superior eram as instituições de direito público e as instituições de direito privado sem fins lucrativos ou filantrópicas. Não havia, na legislação anterior, nenhum espaço para instituições e suas mantenedoras com fins lucrativos.

A LDB, promulgada em 1996 e vigente ainda hoje, foi o grande guarda-chuva que abrigou a possibilidade da criação de uma nova figura administrativa, os centros universitários, regulamentados a partir do Parecer nº 738/1998 pelo Conselho Nacional de Educação.

Os centros universitários foram criados com o objetivo de imprimir agilidade ao sistema, com foco preponderante no ensino e formação de quadros qualificados para o mundo do trabalho. Inicialmente, atuavam em áreas específicas do conhecimento, sem a necessidade de abrangência pluridisciplinar das universidades nem da intensa produção de pesquisa que recai sobre elas. Com isso, as exigências do MEC com relação à titulação e regime de trabalho do corpo docente, que consiste no maior custo de uma instituição de educação, se tornam mais brandas, fazendo com que o custo da operação seja mais baixo; logo, mais atrativo para a entrada de novos mantenedores e investidores. Porém, o grande diferencial agregado pelos centros universitários ao setor foi que, além de conseguirem operar a custo mais baixo que o de uma universidade, possuíam autonomia no lançamento de novos cursos, bem como na expansão das suas vagas, diferentemente das faculdades. Este empreendimento mais leve em termos de custos operacionais e mais ágil na sua expansão foi uma das iniciativas do governo para atrair novos investidores ou motivar os já mantenedores a investirem em seu próprio negócio.

O crescimento das matrículas nos centros universitários na década após sua regulamentação foi de 346,4%. Foi o maior crescimento percentual no setor se comparado ao crescimento das universidades e das faculdades (Nunes, 2012:235).

Os centros universitários tiveram como inspiração sistemas de educação superior de outros países, como Alemanha e Estados Unidos.

Sendo a inspiração para a criação das universidades e faculdades no Brasil de origem latina, os centros universitários trouxeram uma pitada anglo-saxã, com o pragmatismo que lhe é peculiar, para dentro do sistema brasileiro.

O outro movimento em direção à expansão e relativa agilidade do sistema foi gestado também na LDB de 1996, com a possibilidade da abertura de instituições de ensino com fins lucrativos. Isso atrai para o setor novos empreendedores, gerando aumento na criação de novas instituições e, consequentemente, aumento da oferta de vagas em todo o território nacional (Decreto nº 2.207/1997).

A revolução culmina com a promulgação da Lei nº 9.870/1999 (vulgarmente conhecida como a Lei das S.A. da Educação), que faculta a operação, no setor de educação superior, de empresas com fins lucrativos listadas na bolsa de valores. Com ela, a realidade do setor transformou-se radicalmente. Havia anteriormente um cenário dominado pelas instituições públicas e filantrópicas (em grande parte confessionais ou familiares), com uma oferta escassa de vagas frente à demanda e às necessidades do país. Naquele contexto, o setor apresentava a certeza da demanda de alunos excedente ao número de vagas. Os vestibulares eram muito concorridos, sendo que sempre havia um grande contingente de candidatos que sobrava no sistema, engrossando o estoque já existente e que, a cada ano, era incrementado com os novos egressos do ensino médio.

O Brasil, historicamente, possui uma taxa líquida de alunos entre 18 e 24 anos que estão inseridos em algum curso superior muito baixa. Ainda em 2001, esse importante indicador trazia o percentual de 9,2 alunos em idade escolar cursando algum curso superior. Essa realidade de maior demanda de alunos que oferta de vagas trouxe algumas consequências, como um setor público com baixa elasticidade e alta ineficiência operacional, com uma suposta qualidade da atividade-fim oferecida, porém difícil de ser comprovada, posto que as universidades públicas no país foram povoadas tradicionalmente por alunos oriundos das melhores escolas particulares e algumas públicas de excelência, majoritariamente da classe A, que já apresentavam um patrimônio educacional e cultural diferenciado.

Com relação às filantrópicas, o cenário confortável de demanda certa e excedente de alunos acabou por gerar uma acomodação das formas de administrá-las, bem como um mito de que a atividade-fim poderia ser ministrada com qualidade, independentemente da forma como a instituição era gerida. Isso tornou o setor bastante lento e, muitas vezes, reativo ao aprendizado e à implementação de métodos de gestão contemporâneos.

Após as mudanças da década de 1990, o sistema de educação superior no Brasil configurou-se da seguinte forma:

Figura 2 – IES por tipo de organização administrativa

OBS.: Excluídos institutos superiores (IS)

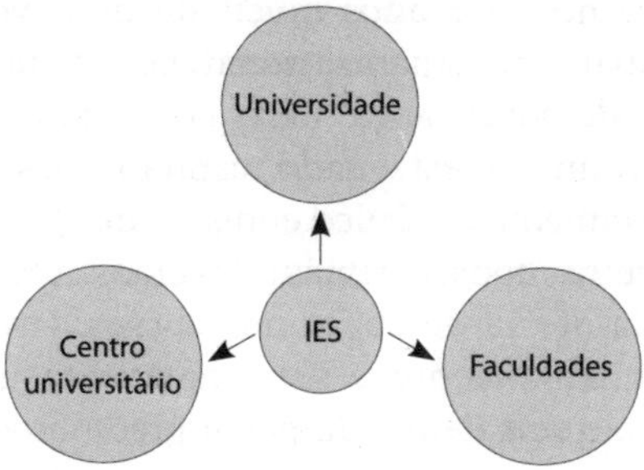

Figura 3 – IES por formas admitidas em direito, de natureza civil ou comercial

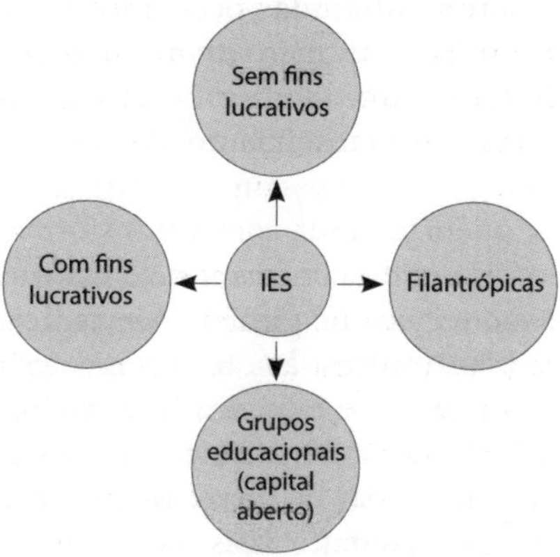

Com a entrada das S.A., tivemos uma mudança radical no setor. As empresas listadas em bolsa que nele empreendem já fizeram suas respectivas *initial public offers* (IPOs ou ofertas iniciais de ações) no chamado novo mercado. Essa dimensão da BM&FBovespa tem como barreira de ingresso e exigência para manter-se no setor altos níveis de desenvolvimento gerencial e transparência organizacional, bem como padrões bem desenvolvidos de governança. Essas companhias entraram em um setor praticamente estagnado, capitalizadas e com grande apetite de crescimento orgânico e inorgânico (via aquisições).

Como primeira consequência, tivemos um exponencial crescimento da oferta de vagas nos cursos. Invertendo a relação anterior, atualmente o setor apresenta uma oferta de vagas maior do que a demanda por ingresso nos cursos superiores, com raras exceções, como os cursos de medicina, que em decorrência da forte regulação ainda mantêm a relação candidato/vaga favorável à seleção.

Como vemos nos gráficos nas próximas páginas, o número de novas vagas anuais ofertadas pelas instituições a cada ano é pouco menos do que o número de matrículas efetivadas em todo o sistema. Fica claro, também, o protagonismo do setor privado na oferta e no crescimento das novas vagas anuais oferecidas.

A outra consequência óbvia com a transformação do setor é que passam a conviver e a concorrer nele instituições bastante despreparadas em termos de gestão – as tradicionais sem fins lucrativos e/ou filantrópicas, às quais nos referimos antes – e companhias com padrões e métodos internacionais de gestão, com competência de administrar custos, tecnologia para trabalhar com escala e condições de oferecer um serviço com qualidade adequada a preços muito mais acessíveis para os alunos.

Gráfico 1 – Novas vagas ofertadas – públicas × privadas (1990-2016)

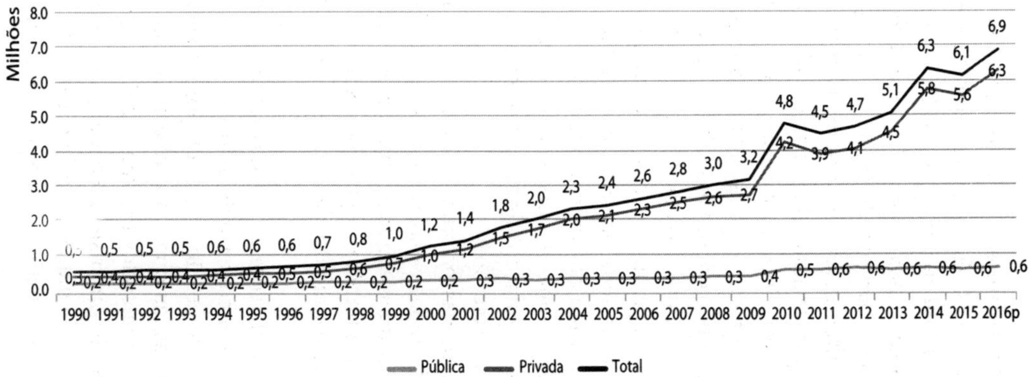

p = projetado.
Fonte: <www.mercadoedu.com.br/app/dw/report/build>. Acesso em: 25 jan. 2016.

Gráfico 2 – Matrículas públicas × privadas (1990-2016)

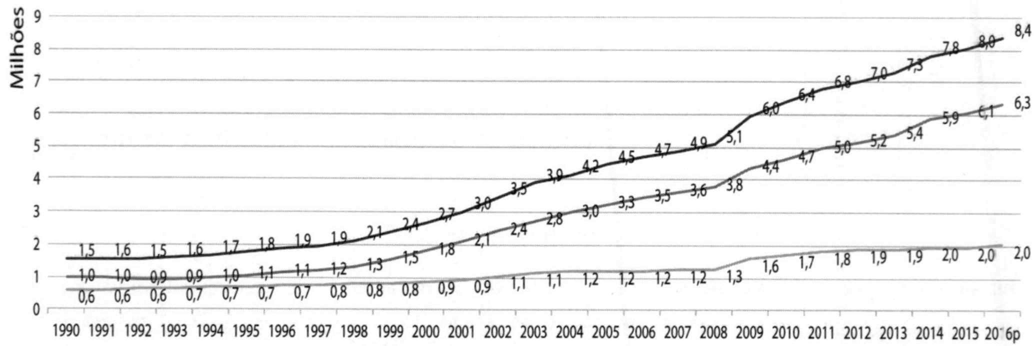

p = projetado.
Fonte: Inep. Evolução da educação superior – graduação.

As instituições tradicionais veem seu mercado transformar-se de um chamado "oceano azul" em um verdadeiro "oceano vermelho" (Kim e Mauborgne, 2005). O interessante é que o imobilismo ao qual o setor estava acostumado perdurou, fazendo com que as tradicionais, e principalmente as filantrópicas, apostassem em suas reputações de boas escolas em vez de procurar atualizar-se, preparando-se para um cenário competitivo.

Algumas instituições filantrópicas e sem fins lucrativos, principalmente as familiares, migraram desse modelo para o modelo com fins lucrativos, porém apenas essa mudança de *status* não foi suficiente; elas ainda lutam, em sua maioria, com um déficit gerencial relevante.

Atualmente podemos dividir o sistema da seguinte forma: o setor público, composto pelas instituições federais, estaduais e municipais, e o setor privado, composto pelos grandes grupos educacionais de capital aberto, que possuem várias instituições de ensino, pelas filantrópicas confessionais ou comunitárias, que de alguma maneira integram uma rede, mesmo que não operem na lógica de rede, e pelas chamadas por nós de instituições independentes, filantrópicas ou não, sem ou com fins lucrativos, que, além dos problemas de gestão ao qual nos referimos acima, operam local e isoladamente.

As públicas seguem se caracterizando por um baixo desenvolvimento gerencial e por uma tímida capacidade de expansão da sua oferta de vagas, apesar de algumas tentativas do governo, como o Programa Reuni (Programa de Apoio a Planos de Reestruturação e Expansão das Universidades Federais, 2007), que objetivava a ampliação das vagas nas IES públicas, bem como a ampliação dos turnos de oferta de vagas. Como essas IES ofertam suas vagas prioritariamente nos turnos diurnos, a maior parte da demanda, que é de alunos trabalhadores, está automaticamente excluída do setor público. O governo não teve sucesso significativo em suas iniciativas no setor público que pudesse impactar o sistema, como demonstram os gráficos acima, representativos da relação de matrículas nos setores privado e público.

As IES privadas têm uma participação de 75,7%, no total de matrículas de graduação. As públicas, portanto, participam com 24,3%. As matrículas de graduação da rede privada alcançaram, no ano de 2015, a maior participação percentual dos últimos anos.

Um importante componente de crescimento das vagas e das matrículas no setor privado foi o advento da educação a distância. Considerando que ela adquiriu um desempenho importante apenas a partir de 2010, nos últimos anos é a modalidade de ensino que percentualmente mais cresceu. Em números absolutos, ainda é a menor, porém seu crescimento percentual comparativo com os cursos presenciais destaca-se (Censo da Educação Superior, 2015 – Inep).

Novamente, foram o setor privado e principalmente os grandes grupos educacionais os responsáveis pela expansão da modalidade a distância, como veremos adiante.

Os grandes grupos educacionais são constituídos e alimentados por fluxos de capital nacional e internacional. Assim, pensar sua nacionalidade em decorrência da origem do capital não faz sentido, mas podemos considerá-los grupos nacionais quando abrem o capital na bolsa de valores brasileira e quando possuem matriz operando no Brasil. Já os internacionais são caracterizados por capital aberto em bolsa de outros países e matriz fora do território nacional, possuindo apenas operações no Brasil.

As instituições filantrópicas, confessionais ou comunitárias possuem o impedimento da sua própria função social, espelhada em seu contrato social, de se tornarem instituições com fins lucrativos. Em sua grande maioria, elas integram redes nacionais e muitas vezes internacionais, como os jesuítas, os luteranos, os presbiterianos, por exemplo. Ocorre que não se profissionalizaram no sentido de utilizar a lógica de rede para operar, o que poderia beneficiá-las no atual cenário.

As independentes são geralmente de pequeno ou médio porte, com importante inserção local ou regional, com identidades institucionais bem definidas, mas que, em decorrência de sua história, como já citamos, têm baixas competências gerenciais e de governança desenvolvidas. Lutam com o alto custo de operação que o setor impõe, sem acesso fácil a fontes de capital externo, e passam por um processo de ameaça de deterioração de sua atividade-fim, não tendo encontrado ainda um caminho claro para a sustentabilidade.

A qualidade da educação das IES independentes encontra-se fortemente ameaçada, pois em plena era da sociedade do conhecimento, da produção coletiva de conhecimento, da formação de redes, da experimentação de novas metodologias de educação virtual, das discussões dos modelos híbridos, essas IES seguem produzindo e elaborando suas propostas andragógicas de maneira isolada e com pouco acesso às novas tecnologias, possuindo ofertas de custo/benefício, principalmente para o aluno trabalhador, defasadas frente às ofertas dos grupos educacionais, tornando-se ativos propícios à consolidação pelos últimos.

Capítulo 2

As companhias de capital aberto e o sistema educacional brasileiro

O grande marco divisório no setor de educação ocorreu na primeira década do século XXI, com a entrada dos fundos de *private equity*, facultada pela LDB de 1996 e pela Lei das S.A. da Educação de 1999.

Os responsáveis por isso foram os fundos de investimento que entraram no setor como verdadeiros desbravadores, tornando efetivamente a educação um negócio, pois, como dissemos, o setor de educação havia sido tradicionalmente dividido no Brasil entre instituições públicas e instituições sem fins lucrativos.

A importância da entrada dos fundos de investimento é que eles revolucionaram o setor por dentro, ou seja, implantaram nas instituições investidas, estratégias, metodologias e práticas de gestão que fizeram toda a diferença na modernização do setor e na valorização da educação como um potencial negócio. Foram, então, responsáveis pela criação de um grande contraste entre empresas geridas por profissionais capacitados e por amadores.

Os fundos mapearam a nova oportunidade de investir em instituições de ensino com a estratégia de valorizarem-nas por meio da melhoria de suas gestões, implantando novas estratégias corporativas, reestruturando e controlando custos, melhorando a governança e preparando-se para um crescimento orgânico e inorgânico ou via aquisições (Martelanc, Pasin e Pereira, 2010) além da oportunidade de consolidação de um setor altamente pulverizado.

A Anhanguera Educacional

Foi a primeira instituição de ensino superior no Brasil que teve investimento de um fundo de *private equity*.

O Pátria Investimentos, em uma ação de captação de recursos com investidores, constituiu o Fundo de Investimentos em Participações (FIP), formado especialmente para o investimento na Anhanguera Educacional. Na época, ele contou com poucos investidores, pois tratava-se da entrada de aporte de capital em um novo setor. O pioneirismo trouxe desconfiança sobre o sucesso do futuro negócio. O FIP foi constituído com recursos de poucos investidores e acrescido de recursos captados no IFC (International Finance Corporate), braço do Banco Mundial para temas de educação e desenvolvimento social (Martelanc, Pasin e Pereira, 2010:262).

Fundado em 1994 por um grupo de professores, o Centro Universitário Anhanguera teve uma expansão rápida e em 2003 já era constituído por seis unidades em diferentes cidades do interior de São Paulo. Instituídas inicialmente como mantenedoras sem fins lucrativos nesse ano, foram transformadas em com fins lucrativos (Martelanc, Pasin e Pereira, 2010:267, 268).

Em 2005, na chegada do Pátria, a Anhanguera era uma instituição de porte médio, com unidades no interior de São Paulo, principalmente ao longo da rodovia Anhanguera.

Com intenso trabalho na gestão, implementado pelo Pátria, e com clareza do seu público-alvo (alunos de classe C e trabalhadores que buscavam uma ascensão econômica por meio do diploma de ensino superior), em 2007 a Anhanguera foi o primeiro grupo educacional a abrir o capital na América Latina.

Capitalizada a partir de sua IPO, com a sigla na BM&FBovespa de AED3, e de uma segunda oferta de ações ao mercado, a Anhanguera estabeleceu sua estratégia de crescimento, envolvendo expansão da oferta de cursos nos *campi* já existentes, criação de novos *campi* e principalmente aquisição de instituições.

Como primeira consolidadora em um mercado pulverizado, a Anhanguera adquiriu em 2007 e 2008, respectivamente, 14 e 15 instituições de ensino (Martelanc, Pasin e Pereira, 2010:268, 269). No início de 2009 contava aproximadamente com 260 mil alunos, distribuídos em 54 *campi*, e possuía 450 polos de educação a distância. Em quatro anos, havia se tornado a primeira gigante da educação no Brasil.

Em 2013, a Anhanguera, mediante troca de ações, associou-se ao Grupo Kroton para formar a maior empresa de educação do mundo. Nessa associação, a gestão executiva ficou com o Grupo Kroton, e a Anhanguera segue existindo como marca, porém teve a comercialização de seus papéis congelada na bolsa.

Kroton Educacional

Originário de Belo Horizonte, Minas Gerais, o Grupo Kroton teve seu início em 1966, como um curso pré-vestibular chamado Pitágoras, fundado por cinco professores. Em 1972, foi fundada a primeira Escola Pitágoras de primeiro e segundo graus. Na década de 1990, o grupo, visando à sua expansão no ensino básico, criou a rede Pitágoras, com o sistema de ensino homônimo, e em um ano já contava com 106 escolas associadas.

No início dos anos 2000 e com a mudança do marco regulatório do setor de educação, surgiu a primeira Faculdade Pitágoras, com novo sistema de ensino e uma metodologia exclusiva criada em parceria com uma das maiores companhias de educação do mundo – a Apollo International, com sede no estado do Arizona, nos Estados Unidos. Tal parceria durou até 2005, quando a Apollo International decidiu vender sua participação aos fundadores.

O ano de 2007 ficou marcado pela abertura de capital do Pitágoras na BM&FBovespa, com o nome Kroton Educacional (KROT11), possibilitando a consolidação de uma fase de grande expansão e desenvolvimento da companhia. Já em 2009, a Kroton recebeu um novo aporte financeiro de um dos maiores fundos de *private equity* do mundo, a Advent International, que a partir de então compartilharia o controle da companhia com os sócios fundadores (*site* Kroton). A Kroton vem se caracterizando pela sua agressividade nas operações de fusão e aquisição; em 2010 realizou a maior aquisição já presenciada pelo setor: a Iuni Educacional.

Em 2011, supera a si mesma com uma aquisição maior que a anterior, a Unopar, e com essa aquisição torna-se líder no Brasil na modalidade de educação a distância no ensino superior.

Em 2013, como citamos, a partir de uma troca de ações, associa-se à Anhanguera Educacional, tornando-se a maior companhia de educação superior do mundo.

Em 2016, é anunciada em uma operação análoga à feita com a Anhanguera, a associação com a Estácio Participações, constituída a partir de troca de ações, fazendo com que a operação de fusão, se realizada, viesse a ter em torno de 1,5 milhão de alunos de educação superior entre as modalidades presenciais e a distância.

A partir da associação com a Anhanguera, a Kroton já havia se tornado a maior empresa de educação superior do mundo. A busca da junção com Estácio Participações confirma seu apetite de crescimento via fusões e aquisições, bem como a liderança no *ranking* das maiores do mundo.

Estácio Participações

Instituição originalmente familiar e filantrópica, já possuía diversos *campi* espalhados pelo Brasil no momento de sua IPO. A maior instituição que compunha o grupo era a Universidade Estácio de Sá, com sede no Rio de Janeiro.

Em 2005, inicia seu processo de transformação de sem fins lucrativos para com fins lucrativos, primeiro requisito para quem quer abrir capital no setor. Em 2007, então, é feita a primeira oferta pública das ações da Estácio na BM&FBovespa com a sigla ESTC3.

Foram negociados 49% da companhia. A família ainda preservou 51%, porém, em 2008, abriu mão da gestão do grupo, por meio de um contrato de gestão, para a detentora do maior percentual dos papéis comercializados na bolsa. O fundo de *private equity* GP Investments, com 20% dos papéis negociados, assumiu a responsabilidade de administrar o novo grupo econômico brasileiro.

A família, apesar de naquele momento ainda deter a maioria das ações, assumiu posições no Conselho e retirou-se da gestão do dia a dia, por entender que não possuía competência instalada para desenvolver um negócio que, com a abertura de capital e ingresso no chamado novo mercado, da BM&FBovespa, havia se tornado muito mais complexo.

O caminho da Estácio Participações foi peculiar, pois pouco a pouco a família e o GP foram vendendo suas ações no mercado, e a Estácio se tornou, assim, uma companhia de capital pulverizado. A governança era exercida pelo Conselho de Administração (CA), composto por executivos e ex-executivos seniores, provindos de outros setores da economia, e um grupo de executivos profissionais, também com diferentes origens no mercado. Acima de tudo isso, havia a Assembleia de Acionistas, sem nenhum majoritário ou bloco de controle.

Em 2016, foi anunciado o movimento de associação com o Grupo Kroton, sobre o qual discorreremos no fim deste capítulo.

Ser Educacional

> O Grupo Ser Educacional foi constituído em 1993, com a fundação do Complexo Educacional Bureau Jurídico [...], que realizava cursos preparatórios para concursos. [...] Em 1999, o Bureau Jurídico passou a oferecer cursos pré-vestibulares específicos para o curso de Direito.

Em 2003 [...], a Faculdade Maurício de Nassau, mantida pelo Ensino Superior Bureau Jurídico Ltda. (ESBJ), sucessora do Complexo Educacional Bureau Jurídico, é fundada oficialmente. [...]

Em 2006, a Faculdade Maurício de Nassau adquiriu as instituições mantenedoras de João Pessoa e Campina Grande, no estado da Paraíba.

Em 2007, a Faculdade Maurício de Nassau implantou o Conselho Consultivo, como uma forma de orientar as suas estratégias. Uma das principais atribuições do Conselho [...] foi redefinir o planejamento estratégico da empresa, [dando continuidade ao projeto de expansão, agora focando mais claramente nos públicos C e D].

Continuando o projeto de expansão e com o intuito de consolidar a política de governança coorporativa, em 2008 foi instituído um Conselho de Administração composto por representantes dos acionistas e por profissionais reconhecidos no mercado [provindos de outros setores da economia]. Em outubro do mesmo ano, o Cartesian Capital Group se associou ao Grupo Universitário Maurício de Nassau, com um aporte de R$ 48 milhões, passando a deter uma participação de 11,3% do total das ações da ESBJ. [...]

As reformulações e a trajetória de crescimento continuaram em 2010, quando o Grupo recebeu os auditores do IFC - Banco Mundial, tendo sido aprovada uma linha de crédito no valor de R$ 80 milhões. O Grupo iniciou o projeto de implementação da ISO 9001, buscando estruturar a Instituição para a certificação e, como consequência, reavaliou e redefiniu todos os seus processos internos. Nesse mesmo ano, decidiu-se, após um trabalho de branding, mudar o nome para Grupo Ser Educacional S.A. [...]

> Em 2013, no ano em que completou 10 anos de existência, o Grupo Ser Educacional, por meio de uma oferta pública inicial de ações (IPO), passou a ter suas ações negociadas na BM&FBovespa, com a sigla SEER3, no segmento do Novo Mercado, passando a fazer parte do rol de empresas de capital aberto com os mais avançados níveis de governança corporativa do mercado. [...]
>
> No segmento do ensino a distância (EAD), o grupo obteve credenciamento da UNG, que passou a operar com 6 polos, levando o grupo a operar com um total de 15 polos. Também houve o reconhecimento de curso EAD da Uninassau, que permitiu que o grupo entrasse com pedido de abertura de mais 400 polos de ensino a distância (site-RI da Ser Educacional).[1]

O Grupo Ser, mesmo tendo aberto o capital e sendo listado na bolsa, possui um acionista majoritário, que também exerce o controle e a gestão. O fundador, José Janguiê Bezerra Diniz, é detentor de 70,06% das ações do grupo.

Anima Educação

O início do grupo ocorreu em 2003, quando foi feita a aquisição da Minas Gerais Educação Ltda., mantenedora do Centro Universitário UNA, em Belo Horizonte, tradicional instituição de ensino superior da capital mineira.

1 Extraído do *site* do grupo Ser Educacional. Disponível em: <http://ri.sereducacional.com/sereducacional/web/conteudo_pt.asp?idioma=0&conta=28&tipo=47915>. Acesso em: 15 mar. 2017.

Partindo de uma operação inicial em 2003 com dois *campi* e cerca de 3,8 mil estudantes matriculados, a companhia apresentou crescimento orgânico e também por aquisições.

Em 2013, a Anima abre o capital na BM&FBovespa com a sigla ANIM3, exatamente no mesmo dia em que o fez o Grupo Ser Educacional: 25 de outubro.

A partir de 2013, a companhia passou a deter 100% da HSM, organizadora de grandes eventos empresariais. Em 2014, fez sua mais importante aquisição até o momento: a Universidade São Judas Tadeu, localizada em São Paulo, capital. Também em 2014, foi credenciada para oferta de educação a distância pelo MEC, tendo sido a última das S.A. a entrar nesse segmento do mercado operando a referida modalidade.

A Anima é uma companhia que possui um bloco de controle do qual fazem parte os principais executivos do grupo, bem como seus fundadores. O bloco de controle detém 55,43% das ações do grupo. Dentro dele, Daniel Faccini Castanho, um dos fundadores e atual CEO, é o maior detentor de ações, com 15,25%. O restante, 44,57%, são as ações em circulação (*site*-RI da Anima Educação).

Na próxima página, um quadro com a visão dos grupos educacionais.

Quadro 1 – Grupos educacionais

Empresa	Data	Valor IPO (R$ milhões)	Capital
Anhanguera	14/3/2007	R$ 360,0	Pulverizado
Kroton	23/7/2007	R$ 334,4	Pulverizado
Estácio (1ª IPO)	30/7/2007	R$ 251,0	Não pulverizado – controle
Estácio	23/1/2013	R$ 768,6	Pulverizado
Ser Educacional	25/10/2013	R$ 619,4	Não pulverizado – controle
Anima	25/10/2013	R$ 468,0	Pulverizado – bloco de controle

Quadro 2 – Resumo de fusões e aquisições das S.A. no momento em que ocorreram

Empresa	Negócios	Base de alunos	FV* (R$ bilhões)	FV*/Aluno (R$)
Anhanguera	32	204.033	1,279	6.269
Estácio	21	104.567	1,091	10.434
Kroton	19	324.321	2,383	7.347
Ser	15	40.564	0,426	10.508
Anima	6	69.413	0,439	6.321
Total/*Average*	**93**	**742.898**	**5,618**	**7.562**

* FV = *firm value*.

Kroton e Estácio: a tentativa de criação da gigante da educação

As empresas de capital aberto têm como tendência considerada óbvia a busca da expansão e do crescimento com velocidade; essa é uma das formas de se mostrar sempre atrativa na Bolsa de Valores para manter os investidores satisfeitos e atrair novos. Com as empresas de educação S.A., não é diferente.

Existem duas maneiras de crescer e expandir a empresa. Uma é de maneira orgânica, ou seja, crescendo a partir de seus próprios ativos, nesse caso abrindo novas vagas, novos cursos e/ou novos *campi*. Porém, nem sempre esse movimento ocorre na velocidade esperada pelo mercado; assim, a outra possibilidade de crescimento, a inorgânica, por fusão e aquisição, acaba sendo fundamental para manter as ações valorizadas. Há uma máxima entre os operadores dessas empresas segundo a qual quem não adquire é adquirido, ou quem não compra é comprado.

À luz da operação que havia sido feita em 2013, de troca de ações entre Kroton e Anhanguera, em 2016 inicia-se o processo para a fusão mais ousada do setor, a união entre Kroton e Estácio. A proposta seguia os mesmos moldes do negócio feito com a Anhanguera, ou seja, via troca de ações na qual a Kroton seria a protagonista. A fusão geraria uma instituição de ensino de mais de 1,5 milhão de alunos já de saída, constituindo a chamada gigante da educação.

A obrigatoriedade de submeter ao Cade, em decorrência do risco de monopólio em várias regiões, foi considerada um elemento de atraso temporal da operação, porém não de empecilho para que a mesma acontecesse, dado que já havia o importante caso precedente de fusão entre Kroton e Anhanguera, aprovado pelo Cade, com algumas condições impostas ao negócio – condições, no entanto, que não o descaracterizavam.

Dez meses após o início da operação, contudo, o Cade toma uma decisão diferente e decide barrar a fusão, pois ela caracterizaria efetivamente a criação de um monopólio dentro do setor de educação superior no país. De acordo com a OAB, atividade econômica com 20% de concentração em um único proprietário ou grupo já caracteriza monopólio da atividade. Na fusão, Kroton e Estácio já sairiam operando com mais de 26% de concentração no setor de educação superior.

Esse fato é relevante para ensejar a reflexão sobre o modelo de educação superior que queremos no país. Como nem tudo é perfeito, se a entrada das empresas de capital aberto trouxe um importante movimento de profissionalização ao setor, também trouxe riscos inerentes aos movimentos das grandes S.A.

Capítulo 3

A perversão do sistema

O Brasil atingiu o percentual de 17,7 (IBGE/Pnad 2014) de taxa líquida de alunos na educação superior. A taxa líquida é referente ao número de alunos na idade escolar entre 18 e 24 anos – ou seja, na idade adequada – que estão inseridos em algum curso de educação superior, frente ao contingente populacional dessa mesma faixa etária. A taxa bruta, por sua vez, é calculada a partir do percentual de alunos, independentemente da faixa etária, que estão cursando a educação superior, frente ao total da população.

A medida utilizada internacionalmente para medir se os sistemas de educação superior estão cumprindo sua função nos diversos países é a taxa líquida.

Enquanto o Brasil possui os 17,7 a que nos referimos acima, países da América Latina como Chile e México possuem em torno de 30%. Estados Unidos e Alemanha possuem mais de 50%.

Apesar de todos os esforços feitos nos últimos anos, o sistema não tem correspondido ao crescimento desejado, capaz de fazer frente a uma realidade de país em desenvolvimento e de atingir a meta do Plano Nacional de Educação para 2024.

O problema maior é que essa situação não ocorre devido à inexistência de vagas. Atualmente sobram vagas nos cursos de educação superior, mas os alunos em idade escolar não conseguem acessá-los.

O maior contingente de vagas não preenchidas encontra-se no ensino privado, mas também no público; alguns cursos, como as licenciaturas, não preenchem mais as vagas ofertadas.

Uma das questões relativas à permanência dos alunos nos cursos superiores é o descompasso entre os parâmetros da educação básica e as exigências para o acompanhamento da aprendizagem de um curso superior. A Pesquisa Nacional por Amostra de Domicílios do IBGE indica que há 1,65 milhão de jovens fora da escola. Uma leitura mais apurada desses dados demonstra que o problema não está apenas no ensino médio, mas também no fundamental (Gois, 2016).

Tradicionalmente, era a elite brasileira, ou seja, a chamada classe A e parte da B, que, oriunda de escolas particulares e com um capital cultural formado na própria família, ingressava nas vagas oferecidas nas universidades públicas, tendo como segunda opção, caso não passassem no vestibular das mesmas, ingressar nas filantrópicas tradicionais. Assim, o setor público de educação superior, totalmente bancado pelo Estado, já era majoritariamente cursado por alunos que poderiam pagar pelo ensino no setor privado. No entanto, essa situação desequilibrada ainda tinha seus efeitos amainados em decorrência de bons alunos de escolas públicas tradicionais, com excelente nível de ensino, conseguirem ingressar nas universidades públicas.

A deterioração da qualidade do ensino básico ocorreu nos setores público e privado, porém no público foi, sem dúvida, muito mais radical. Isso afastou mais, das universidades públicas, os alunos provindos de outras classes econômicas menos abastadas.

Para que o sistema cresça, aumentando a taxa líquida brasileira, é necessário incluir alunos provindos do restante da classe B e, principalmente, das classes C e D.

Essa é a grande perversão, pois os alunos dessas classes têm menos condições de pagar as instituições privadas, em que sobram vagas, e não têm condições, em sua maioria, de competir com os alunos provenientes de escolas particulares por uma vaga nas universidades públicas. São os chamados alunos trabalhadores, que possuem uma jornada de trabalho diurna e precisariam ter aula à noite. No entanto, o setor público, com raras exceções, não funciona no turno da noite, o que configura mais um problema para que aqueles que precisariam do ensino gratuito consigam acessá-lo.

Apesar de a maior parte das vagas oferecidas pelas IES privadas serem noturnas, alguns cursos, principalmente os de saúde, oferecem boa parte das vagas nos turnos diurnos, o que também pode dificultar o acesso do aluno trabalhador a tais cursos.

Com o compromisso firmado, a partir do Plano Nacional de Educação, de crescimento da taxa líquida da educação superior para 33% até 2024, e ciente da inelasticidade das vagas e serviços oferecidos pelas universidades públicas brasileiras, o governo criou dois importantes programas para possibilitar que os alunos de baixa renda possam ingressar no ensino superior privado: o Programa Universidade para Todos (Prouni) e o Fundo de Financiamento Estudantil (Fies).

O Prouni é o programa do Ministério da Educação criado pela Lei nº 11.096, de 13 de janeiro de 2005, que concede bolsas integrais e parciais para estudantes brasileiros em instituições privadas de educação superior, em cursos de graduação e sequenciais de formação específica. As instituições que aderem ao Prouni têm isenção de impostos federais.

O Fies é um programa do Ministério da Educação destinado a financiar a graduação de estudantes matriculados em cursos superiores não gratuitos, na forma da Lei nº 10.260/2001. Possui taxas de juros bastante baixas se comparadas às taxas do mercado e os alunos têm um prazo longo após sua diplomação (dois anos) para iniciar o pagamento.

Os dois programas têm requisitos de acesso compostos por desempenho e teto de renda *per capita* familiar. Com esses dois programas, o governo conseguiu aumentar a taxa de inclusão de alunos das classes C e D.

Quadro 3 – Total de despesas da União, matrículas e despesas por alunos nos programas Fies, Prouni e nas universidades federais (2014)

Programa	Despesa da União (R$ bilhões)	Beneficiados/matrículas (milhões)	Despesa por aluno/ano (R$ milhares)
Fies	12,252	1,332	9,2
Prouni	0,970	0,437	2,2
Federais	38,134	1,047	36,4

Fonte: *Boletim e-dados da Educação*, n. 2016/04 – Instituto Alfa e Beto.

Em decorrência de suas eficientes gestões, os grandes grupos educacionais se beneficiaram dos dois programas, com destaque para o Fies. A Kroton possuía, em 2014, 16% de toda a base do Fies, e a Estácio, 9% da base.

Para as instituições de ensino, o Fies representava uma receita certa e recorrente, o que possibilitava uma melhor projeção e controle das entradas de recursos, ou seja, um melhor planejamento.

Esse programa foi criticado por setores da sociedade como sendo um repasse de recursos do governo para as grandes companhias de educação. Porém, ao analisarmos os números acima, vemos o custo de um aluno com Fies em uma instituição privada para o governo e o quanto custa em uma instituição pública. O peso da ineficiência das universidades públicas acaba aumentando muito os custos.

A partir da Portaria Normativa nº 21 do MEC, de 26 de dezembro de 2014 e das sucessivas portarias publicadas em 2015, o Fies sofreu importantes mudanças de critérios e corte de recursos investidos pelo governo federal, prejudicando muitos alunos que enxergavam nesse programa uma possibilidade de ingressar na educação superior. Os reflexos vieram espelhados no censo de 2015, em que se nota, pela primeira vez em muitos anos, que tivemos uma desaceleração no crescimento do número de matrículas de graduação.

Os maiores prejudicados, além dos alunos, foram as instituições pequenas e médias independentes, pois os grandes grupos possuíam alguns trunfos, como: (1) a modalidade de cursos a distância, que é um importante ativo da oferta dos mesmos; os cursos a distância nunca receberam o incentivo do Fies por decisão do governo federal e geralmente possuem preços mais baixos que os presenciais; (2) boa parte dos grupos de capital aberto fazia uma gestão de risco de sua base do Fies, controlando a relação dos alunos financiados frente aos responsáveis pelas suas mensalidades, justamente em decorrência do risco de se tornarem, como empresa, dependentes do financiamento do governo; (3) os grandes grupos têm condições de desenvolver modelos próprios de financiamento para os alunos da sua base ou, em decorrência do volume, fechar parcerias com empresas de financiamento estudantil com juros melhores.

O grupo que mais sofreu com o corte no Fies foi a Anima, por ter uma oferta de educação a distância pouco representativa na sua base de alunos e, por isso, muitos alunos no Fies dos cursos presenciais.

Capítulo 4

Os métodos de gestão empresarial e a qualidade na educação

Gerando valor

Quando os fundos de *private equity* entram no setor de educação, desbravando um novo espaço de investimento, enxergam logo que esse não é um investimento em que se ganha dinheiro no curto prazo. Pelo contrário, o grande negócio na educação é aplicar no setor os princípios, métodos e técnicas de gestão ensinados nas salas de aula das instituições investidas, principalmente nos cursos de administração, mas que não eram aplicados na própria gestão dessas instituições.

O ensinar mas não aplicar para si mesmo estava muito relacionado com a ideia de que educação não é simplesmente um negócio ou, se fosse, seria um negócio diferente dos outros. Assim, os princípios, métodos e práticas de gestão aplicados a outras empresas não teriam espaço naquelas instituições.

O pudor social em tratar educação também como um negócio custou ao setor anos de atraso em termos de ganhos em eficiência. O conceito de qualidade acima de tudo, propalado pelas lideranças das instituições de ensino, não era compreendido como valor percebido. Nesse sentido, não era nem medido, mas servia como um mantra repetido exaustivamente, com o objetivo de demonstrar as boas intenções dos mantenedores.

De fato, uma empresa de educação é diferente, o que de maneira nenhuma inviabiliza a aplicação da disciplina de gestão para que ela se torne mais eficiente e sustentável. É necessário que a gestão seja pensada a partir de suas especificidades para a construção de modelos adequados. Um negócio que é realizado por especialistas na ponta da operação, com um alto grau de formação e autonomia, necessita de um olhar diferenciado para gerar seus objetivos e resultados econômicos de forma a ser sustentável.

As instituições de educação, bem como as de saúde, invertem o modelo tradicional das empresas em que as camadas mais altas dos seus organogramas estão ocupadas pelos maiores talentos e competências. Na educação e na saúde, os grandes especialistas, professores e médicos trabalham na ponta da cadeia de geração de valor, na sala de aula com os alunos e diretamente nos hospitais com os pacientes.

Dada a complexidade de seus fazeres em sala de aula, por exemplo, e as múltiplas especificidades das disciplinas ministradas nas IES, com diferentes necessidades, os mantenedores acabavam por simplesmente acatar os pleitos dos professores e coordenadores de curso, em vez de estabelecer metodologias de gestão e acompanhamento. Assim, essas instituições são bastante difusas em seus fluxos de poder, ficando muito da responsabilidade sobre a maneira de operar nas mãos dos próprios professores, o que fragiliza a posição dos gestores.

O setor, inclusive, não se preocupou em desenvolver o coordenador de curso nos preceitos da gestão; este possuía pouca responsabilidade sobre a sustentabilidade do seu curso, autodenominando-se defensor de uma qualidade que raramente era medida, e entendendo preocupação com sustentabilidade como oposta à qualidade. Enquanto os recursos entravam abundantemente e sem esforços, o setor se manteve nesse modelo.

Com conhecimento dessa realidade, os fundos de *private equity* entram sabendo que este é um setor de investimento de, no mínimo, médio prazo, e cuja forma de ganhar dinheiro é trabalhosa. Trata-se de transformar essas instituições a partir de uma profissionalização de seus quadros, introdução de todo um arcabouço de gestão já utilizado em outros setores, devidamente adaptados ao novo negócio, formação dos chamados grupos educacionais e redirecionamento estratégico dos mesmos para o crescimento. Tal crescimento deveria ocorrer tanto de maneira orgânica, com lançamento de novos cursos, entrada agressiva na educação a distância, abertura de novas unidades, como também, e principalmente, a partir de aquisições, iniciando-se um processo de consolidação do setor que tradicionalmente era, e ainda é, bastante pulverizado, como vimos em capítulo anterior.

Para sair e expandir, era necessária a "arrumação interna da casa".

Arrumando a casa

Com um olhar sem preconceitos e experiências trazidas de outros setores, os fundos de *private equity* começam a redesenhar o modelo de governança e gestão de suas investidas. Trouxeram profissionais de outros setores da economia para ocupar posições *c-level*, mudando organogramas e nomenclaturas. Os grupos, já com o capital aberto, passaram a ter como figura máxima executiva o *chief executive officer* (CEO), com uma equipe cujas funções espelham o novo modelo de organização: o *chief financial officer* (CFO), geralmente também responsável por uma função importantíssima, a de liderar o relacionamento com os investidores (RI); o diretor executivo de operações; o diretor executivo de RH (substituindo o conceito de departamento pessoal); o diretor executivo acadêmico; e o diretor executivo de marketing. Guardadas as peculiaridades, entre os grupos, de algumas posições que se dividem – como a função de diretor executivo acadêmico, que pode estar dividida entre diretor executivo de educação presencial e diretor executivo de educação a distância – ou algumas funções que estejam unificadas, o primeiro escalão dos grupos educacionais da educação passa a ter essa conformação.

A Diretoria Executiva responde ao Conselho de Administração, composto por experientes executivos e ex-executivos de outros setores da economia, fazendo com que o último passe a ser analisado a partir de diferentes focos. Esse novo olhar é responsável por uma oxigenação e imprime a um setor bastante estagnado, acostumado a análises e avaliações endêmicas, novas ideias e dinâmicas.

Acima do conselho, temos a Assembleia dos Acionistas, instância soberana na tomada de grandes decisões. Nem sempre é simples fazer com que a assembleia seja realmente uma instância operante quando pertinente. Os grupos que têm claramente um controlador não sentem essa dificuldade, posto que propriedade e controle estão nas mesmas mãos. Os grupos que, apesar do capital pulverizado, estão organizados com bloco de controle também sentem menos dificuldade; já os grupos de capital pulverizado, sem controlador ou bloco de controle, dependem, para grandes decisões, da aprovação de uma maioria dos seus acionistas, que pode variar entre 51% e 75% dos votos. O problema é que os acionistas são, em sua maioria, investidores em fundos de *private equities* muitas vezes internacionais e que não têm interesse em fazer parte da gestão. A reunião de parcela significativa para aprovação de decisões importantes, ou mesmo dos resultados do exercício, demanda uma energia significativa por parte de RI e sua equipe.

Todos os grupos que fizeram a abertura de capital na dimensão do novo mercado, como já observamos, estão obrigados a emitir apenas ações ordinárias, ou seja, a cada ação emitida corresponde um voto.

Cargos e funções de lideranças tradicionais do setor, como reitor, vice-reitor, pró-reitor, permanecem em geral dentro de cada instituição que compõe o grupo, com uma função muito mais de representação no meio acadêmico do que propriamente de tomada de decisão, pois os que se mantêm seguem os direcionamentos do CEO e da sua equipe.

Alguns grupos unificaram a função de reitoria das suas maiores universidades à de diretor executivo acadêmico, restituindo assim, ao reitor, o poder de decisão sobre questões acadêmicas, não por ele ser reitor, mas por ser membro da Diretoria Executiva.

Ao serem alvos de investimentos dos fundos, as instituições que foram as primeiras a serem investidas passaram por um processo de *due dilligence* (diligência) com critérios bastante apurados. Foi necessário fazer a conversão dos números para sistemas utilizados por esses fundos para que fossem feitos os chamados *valuations* e, então, chegar-se ao valor da IES. O valor de transação no setor é traduzido em um preço por aluno.

Os analistas responsáveis pelo *valuation*, ao entenderem as fragilidades do setor e o quanto era possível ganhar nele, implementam princípios básicos de gestão, como controle de custos, eliminação de duplicidades na cadeia decisória, ganho de sinergias etc., muitas vezes aceitando um preço mais alto por aluno do que o mercado indicava, por vislumbrar os ganhos futuros (Martelanc, Pasin e Pereira, 2010:258).

Em relação aos processos de *due dilligence* e de *valuation*, a etapa da auditoria era uma das mais rígidas. Geralmente, eram contratadas empresas de consultoria já reconhecidas no mercado. Desse processo saía o primeiro plano de geração de valor a ser aplicado na investida. Tal procedimento se manteve praticamente inalterado para cada nova aquisição feita pelos grupos educacionais.

Missão, visão e valores foram construídos ou redefinidos. Entre as transformações implantadas, o planejamento estratégico tem lugar de destaque. Independentemente da metodologia escolhida para seu desenvolvimento, os pontos em comum são relevantes. Por exemplo, o planejamento estratégico é um exercício de longo prazo, porém é revisitado pelos executivos todos os anos, já que, a partir de sua lógica, as metas anuais são desdobradas. O setor passa a conhecer novos conceitos e trabalhar com objetivos claros.

As metas são desdobradas nos diferentes níveis dos organogramas, dependendo do grupo, mas todas vão pelo menos até a gerência média, invariavelmente. A partir do estabelecimento de metas anuais, que devem ser atingidas pelos executivos das diferentes diretorias, foi possível a introdução de um conceito totalmente novo na gestão das IES: o de meritocracia.

A meritocracia, apesar de ser propalada e discutida dentro das instituições de ensino, dificilmente era um valor. As IES costumavam ser espaços muito relacionais e políticos, em que a avaliação objetiva não tinha muita importância, mesmo porque não se sabia exatamente o que se estava medindo.

A partir das metas são gerados os planos de ação, ou seja, o que devemos fazer para atingirmos nossas metas, em que tempo e quem é o responsável dentro da equipe pela execução de cada ação definida.

Os planos de ação são um ótimo instrumento de acompanhamento periódico do cumprimento das metas, geradores de indicadores menores que permitem ao gestor responsável saber se o que foi planejado está sendo desenvolvido a contento no tempo certo, evitando assim surpresas no final do ciclo anual do planejamento estratégico.

O ideal das metas nas metodologias de gestão tradicionais é que elas possam ser quantificáveis, pois é necessário medir para acompanhar, e as metas qualitativas são de difícil acompanhamento. Aqui reside um dos problemas da aplicação dos métodos de gestão na academia, sempre preocupada com o qualitativo e com a enorme dificuldade na construção de metas quantitativas. Essa realidade gerou um bom desafio para os dois lados, pois foi necessário repensar as metodologias, para que tivessem espaço suficiente para metas qualitativas. Por outro lado, os acadêmicos passaram por um período de aprendizagem de como pensar seu fazer de maneira que pudesse ser quantificado e medido. Exemplo: a construção de um novo currículo a ser implantado tem seu escopo definido dentro da área de conhecimento escolhida, cronograma e equipe nomeada. A partir disso, não basta o cumprimento do cronograma; o currículo deve ser desenvolvido no prazo estabelecido e com a qualidade adequada. E como medir a qualidade adequada, se os que o constroem são os mesmos especialistas com competência para dizer o que é qualidade naquele curso? Esse foi um problema que teve de ser enfrentado, pois na academia era normal que planejamento, execução e auditoria recaíssem sobre o mesmo grupo, o que deixa o gestor da instituição em uma posição bastante delicada, ao ter de confiar cegamente na equipe e, em decorrência das especificidades, não conseguir nem mesmo fazer as perguntas certas. Alguns grupos educacionais passaram a exigir que as equipes submetessem seu trabalho a consultores acadêmicos *ad hoc*, externos à instituição, gerando uma verdadeira revolução, pois entre os professores não é prática submeter seu trabalho à avaliação de pares.

Para a implementação da meritocracia, o acompanhamento de indicadores é fundamental, até porque sua expressão máxima ocorre a partir da chamada remuneração variável. Uma parte importante da remuneração dos executivos, com variações dessa prática em diferentes níveis dos organogramas dos grupos educacionais, está atrelada ao cumprimento das metas. Assim, é fundamental que elas sejam bem definidas no início do ciclo e que tenham instrumentos claros de medição, fazendo com que o sistema de remuneração seja o mais justo possível e espelhe claramente o conceito de mérito.

Alguns grupos educacionais procuraram fazer com que as metas fossem desdobradas até o nível docente, posto que havia uma clara contradição no sistema meritocrático, que não avaliava diretamente o responsável pela atividade-fim: o professor.

Esse exercício de adaptação dos métodos de gestão para as instituições de ensino deu alguns frutos interessantes. Um sistema de indicadores foi gerado com o objetivo de avaliar o desempenho dos professores. O regulador – MEC – exige que todas as IES desenvolvam seu sistema de avaliação institucional, em que o professor é avaliado pelos alunos. Isso não é, contudo, suficiente para a implementação da meritocracia, pois existe o risco de professores de disciplinas mais difíceis, como cálculo etc., serem mal avaliados, em decorrência da dificuldade da matéria e não da competência do professor.

Além disso, poucas IES tradicionais realmente desenvolveram um sistema de avaliação institucional que tivesse uma régua clara de consequências e que pudesse ser usado como um instrumento da gestão. Os grupos educacionais que conseguiram elaborar claramente uma avaliação que tivesse consequências o fizeram com base em mais de um indicador, como a avaliação dos alunos com relação às diferentes dimensões do professor, tais como domínio de conteúdo, utilização de metodologia adequada, pontualidade; avaliação do coordenador de curso sobre o professor; desempenho médio dos alunos das turmas, índice de evasão, entre outros.

Um dos grupos educacionais logrou êxito em levar o conceito de remuneração variável até os docentes. O variável era feito sobre o piso salarial estabelecido, ou seja, os professores mais bem avaliados no semestre recebiam uma remuneração extra e outros benefícios muito valorizados na academia, como a possibilidade de escolher em que horário ministrariam suas aulas no semestre seguinte.

Para os executivos, alguns grupos, principalmente os de capital pulverizados, convertiam uma parte do bônus de remuneração variável por desempenho em ações da empresa, estabelecendo as chamadas *stock options*, de aquisição obrigatória, pois esse é também um mecanismo para comprometer o executivo com o desempenho de longo prazo do grupo.

O marketing, como um conjunto de atividades estruturadas de análise sistemática e acompanhamento do ambiente externo com o objetivo de orientar os produtos e serviços das IES, também não era muito desenvolvido dentro dessas instituições. A entrada dos conceitos e práticas de marketing, inclusive o estratégico, ajudou os grandes grupos a se posicionarem com clareza com relação a seu público-alvo.

Novamente usando como um diferencial competitivo a inexistência de preconceitos sobre o setor, os grupos educacionais, analisando o contexto, entenderam rapidamente que o grande espaço de crescimento no setor ocorreria com a inclusão dos chamados públicos C e D, posto que os outros públicos – A e B – já estavam, em sua maioria, atendidos pelas instituições públicas e pelas confessionais, como dissemos.

Os grupos educacionais começaram a desenvolver e moldar sua estrutura pensando no seu *target* (público-alvo). Com isso, estudos e pesquisas foram desenvolvidos para entender as necessidades, hábitos, desejos e, acima de tudo, entender o que é qualidade para esses *prospects*.

Abre-se uma nova etapa na educação: a de assumir-se claramente que um público que antes não tinha vez nos cursos universitários é agora o grande responsável por uma expansão necessária de taxa líquida do sistema, capaz de fazer com que o Brasil consiga se aproximar das metas do Plano Nacional de Educação para 2024.

Alunos peculiares, geralmente os primeiros de uma família a ingressar em uma IES, não trazem referência nenhuma de comportamento dentro das instituições. Alunos de terceira jornada, ou seja, que já estão no mercado de trabalho e assistem às aulas em um terceiro turno, muitas vezes apresentam também alguma deficiência em diferentes dimensões de conteúdo, fazendo com que os grupos foquem as aulas de suas IES no turno noturno, desenvolvendo mecanismos de nivelamento e outros suportes que ajudem esses alunos a acompanhar e se manter no curso.

A grande descoberta foi que o desejo desses alunos ao ingressarem em um curso superior, não é apenas o de crescer como pessoas, mas, pragmaticamente, melhorar sua empregabilidade em um mercado de trabalho do qual eles já fazem parte. Praticamente todas as IES pertencentes aos grandes grupos trazem em sua missão ou em seus valores o conceito de empregabilidade. Qualidade como valor percebido passa a ser entendida como os cursos que melhor preparam o aluno para que tenha ascensão no mercado de trabalho.

O Brasil é o país em que a relação entre diploma de ensino superior e nível salarial é mais forte, de acordo com as pesquisas da OCDE.

Gráfico 3 – Incremento de salário após a graduação

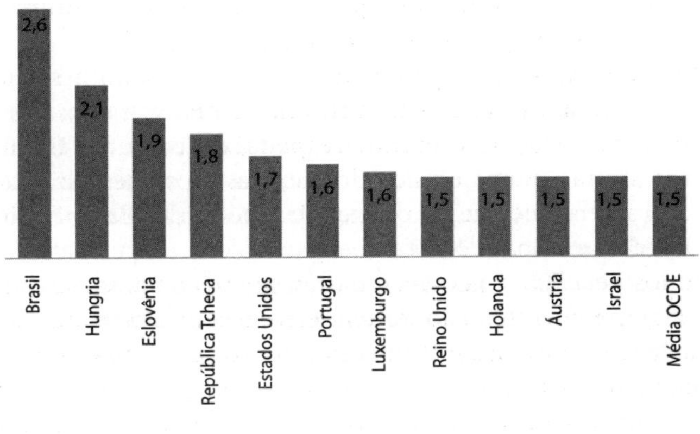

Fonte: OCDE. Education at a Glance, 2013.

A modalidade de educação a distância, como veremos mais detidamente adiante, é outra proposta/facilidade que atinge diretamente esse público trabalhador e geralmente já com família constituída. Fazer um curso a distância passa a ser atrativo. Porém, mais que a modalidade totalmente a distância, o ensino chamado híbrido ou semipresencial é o mais bem aceito. O aluno que possui todos os requisitos para a educação a distância é mais maduro, com disciplina, pois já atua no mercado de trabalho, mas muitas vezes sente-se inseguro em assumir a total gestão de seus estudos, preferindo cursos que desenvolvem algumas disciplinas a distância e outras presenciais.

O marketing também aporta métodos e práticas na prospecção de novos alunos, estabelece réguas de conversão de *prospects* em alunos que fazem o vestibular, isto é, em alunos que, se aprovados, farão sua primeira matrícula. Com isso é possível fazer uma projeção da receita, auxiliando na gestão financeira da IES. Geralmente vem do trabalho conjunto do marketing com a área acadêmica a prevenção de uma das grandes mazelas das IES, principalmente as focadas nesse público: a evasão escolar. A importância da retenção dos alunos é óbvia, primeiro porque está na própria missão das IES formar os alunos, além de as consequências na sustentabilidade das IES serem relevantes, já que, quando um aluno abandona os estudos, ele abandona também serviços que já foram contratados pela IES, como professores, alocação em sala de aula etc. Esses elementos não podem ser descontratados no meio do semestre. Com o aluno parando de pagar a mensalidade, torna-se prejuízo certo.

Geralmente, também a partir do trabalho conjunto ou muitas vezes do embate entre o marketing e a área acadêmica, põe-se em prática a proposta de simplificação do sistema vestibular.

Atualmente, boa parte dos alunos ingressa nas IES a partir das suas notas do Exame Nacional do Ensino Médio (Enem). Entretanto, quando se trata do aluno trabalhador, muitos deles com mais idade e que não prestaram o Enem em sua época, o sistema de vestibular ainda é muito importante. Dado que em grande parte dos cursos das IES dos grupos educacionais, sobram vagas, temos maior oferta de vagas do que demanda, com poucas exceções. O vestibular perde então suas características seletivas, ficando apenas como uma etapa de avaliação das competências mínimas dos alunos para acompanhar um curso superior. A meta de captação costuma ser da Diretoria de Marketing; portanto existe uma preocupação de que o vestibular não represente mais uma barreira para o acesso ao curso superior.

O lançamento de produtos, ou o mix de cursos a serem oferecidos, passa por uma importante negociação entre marketing, financeiro e acadêmico. O que antes era feito de maneira bastante intuitiva nas IES mais tradicionais, hoje é matéria de estudos e pesquisa pelos grupos educacionais, pois abrir novos cursos requer investimento, e é preciso analisar se um novo curso não vai apenas dividir alunos, aumentando custo, em lugar de trazer novos alunos. Da mesma maneira, as decisões de deixar de investir em um curso passam a ser estudadas. Acabar com a oferta de um curso é uma decisão difícil, pois a operacionalização disso é complexa. As IES têm obrigação de formar todos os alunos; logo, é uma decisão de médio a longo prazo, que muitas vezes tem de ser tomada sob pena de comprometer a sustentabilidade da IES.

A dimensão que mais sofreu mudanças e transformações no processo de conversão em S.A., ou no ingresso em um dos grupos consolidadores via aquisição, é a financeira.

No novo mercado existe a obrigatoriedade de divulgação de resultados parciais a cada trimestre, bem como do consolidado no final do exercício. Essa divulgação ocorre por conferência telefônica pública – quem desejar ouvir do CFO a divulgação do resultado pode se inscrever e, inclusive, fazer perguntas. Os resultados parciais são publicados no *site* da companhia, no setor de Relacionamento com o Investidor, o RI. Os resultados anuais ou do exercício precisam ser aprovados no CA e devem passar obrigatoriamente pelo crivo de uma empresa de auditoria externa.

Dois novos conceitos começam a ter uma influência fundamental na operação: o chamado ciclo orçamentário e a disciplina orçamentária. Nada mais é aprovado, nenhuma decisão operacional é tomada se não tiver previsão no orçamento aprovado pelo CA. Como nenhuma previsão é infalível, quando existe necessidade de realocação de recursos, novamente é submetida ao CA.

Disciplina orçamentária passa a ser um mantra da organização; o orçamento é entendido como um instrumento fundamental de gestão. Todos os grupos, em diferentes momentos, aplicam o chamado orçamento base zero.

Muitas pessoas pensam que por ser uma empresa de educação com fins lucrativos, os recursos podem ser mal usados para aumentar o lucro de forma escusa. Esse é um grande engano, pois é exigida das companhias de capital aberto uma transparência total na aplicação dos recursos, inclusive com auditoria externa, conforme já exposto.

A seguir, vemos um exemplo de demonstrativo de resultado de um grupo educacional de capital aberto e uma IES tradicional.

Apuração de resultado de uma S.A.

Demonstração de resultados

Receita operacional bruta

Deduções da receita bruta

Receita operacional líquida

Custos dos serviços prestados

- Pessoal e encargos
- Aluguéis, condomínio e IPTU
- Material didático
- Serviços de terceiros e outros
- Depreciação e amortização

Lucro bruto

Despesas comerciais, gerais e administrativas

Despesas comerciais

Despesas gerais e administrativas

Outras receitas operacionais

(-) Depreciação e amortização

→ **Ebitda**

(-) Ajuste a valor presente

(+) Resultado financeiro operacional

Ebitda recorrente ajustado

Resultado financeiro

Depreciação e amortização

Resultado das atividades não continuadas

Contribuição social

Imposto de renda

(+) Ajuste a valor presente

(-) Resultado financeiro operacional

Lucro líquido

Os DREs das empresas de capital aberto obedecem ao padrão IFRS (International Financial Reporting Standards), com ajustes para apresentar o Ebitda, modelo internacional de apresentação e apuração de resultados. Assim, além de garantir padrão nas demonstrações e apuração, as empresas passam a ser comparadas e, em função de sua performance expressa nos demonstrativos, suas ações passam a ser mais bem avaliadas pelos analistas que acompanham o mercado de capitais e, especificamente, o setor de Educação.

Quando começamos a ter indicadores confiáveis e possíveis de serem comparados, todo o mercado se beneficia, principalmente a partir de aquisição das disciplinas de planejamento e controle das operações. Esse movimento tem impacto na gestão das IES independentes e até mesmo nas filantrópicas, que passam a ser cobradas por demonstrações de resultado mais estruturadas por seus públicos de interesse, bancos, agentes financeiros de fomento e o próprio MEC, em seus processos avaliativos.

Além das demonstrações financeiras padrão, cujas publicações são exigidas pela CVM e seguem estritamente o padrão contábil, as S.A. divulgam o resultado no formato acima nos seus portais de relacionamento com investidores.

Outro grande facilitador do processo de apuração de resultados das S.A. está no uso intensivo de sistemas de gestão integrados (ERPs). Esses pacotes de *software* garantem integração entre os fatos geradores das receitas e despesas e seus respectivos lançamentos contábeis, o que torna o processo de apuração de resultados e seu respectivo acompanhamento integrado e mais fácil de ser auditado.

O IFRS são normas internacionais de contabilidade, emitidas e revisadas pelo IASB (International Accouting Standards Board, Conselho de Normas Internacionais de Contabilidade), que visam uniformizar os procedimentos contábeis e as políticas existentes entre países, melhorando a estrutura conceitual e proporcionando a mesma interpretação das demonstrações financeiras.

As IES independentes e de menor porte ainda carecem de controles e uso cotidiano de práticas contábeis. Acabam operando e controlando suas operações na modalidade de apuração por caixa e não por competência. Seus sistemas, na maioria dos casos, são desintegrados entre si. O sistema acadêmico não conversa integradamente com o contábil, havendo necessidade de criação de interfaces ou mesmo de pessoas para realizar os lançamentos em duplicidade, o que causa atraso e possibilidade de erros.

O acompanhamento se dá por um orçamento de caixa, híbrido entre orçamento por contas e por área.

A conta de pessoal, que é a conta mais expressiva, posto serem instituições intensivas em capital humano, é tratada como um bloco à parte. A folha de pagamento é dividida entre administrativos e docentes. Os encargos são pagos juntos, sem separação entre docentes e administrativos, o que gera uma visão distorcida na apuração do resultado.

O acompanhamento pelo sistema de caixa não possibilita provisão para devedores duvidosos (PDD), mas apenas a receita efetivamente recebida e cobranças referentes às mensalidades em aberto de períodos passados.

O modelo a seguir pode provocar distorções na análise do resultado em médio prazo. A visão de caixa é necessária e fundamental, mas não é completa, principalmente nos processos de provisionamento de despesas de pessoal, impostos, perdas de receitas e outros. Pode também confundir a visão de operação com a visão de investimentos se não houver uma estratificação correta dos gastos cotidianos, o que tem como possível consequência uma distorção da análise de viabilidade do negócio.

Modelo de apuração de IES independente/filantrópica

Receitas

- Graduação
- Pós-graduação
- Outras receitas
- Devolução de alunos
- Cobrança

Despesas

Pessoal

- Folha de pagamento
  - Docentes
  - Administrativos
- Férias
- Encargos
- Benefícios e outros
- Rescisões/Acordos trabalhistas

Operações

- Manutenção e conservação
- Manutenção de equipamentos
- Despesas diversas
- Serviços terceirizados
- Luz, água e esgoto
- Aluguel de ar-condicionado
- Despesas com higiene e limpeza

Tecnologia

Despesas acadêmicas

- Extensão
- Pós-graduação
- Graduação
- EAD
- Laboratórios

Comercial

Administrativo

Jurídico

Relacionamento/Comunicação

Secretaria

Resultado

Outra grande dificuldade está na integração entre as operações de contas a receber e a pagar, e no processo de lançamentos contábeis diários para manutenção de uma contabilidade que espelhe de fato o que acontece no dia a dia da organização.

Essas competências profissionais nas IES pouco profissionalizadas são relegadas a segundo plano, o que dificulta sobremaneira ter uma visão contábil que possa apoiar as tomadas de decisão.

No caso específico das filantrópicas, que precisam, para manutenção de seus benefícios fiscais, do Certificado de Entidade Beneficente de Assistência Social (Cebas), passa-se a ter a necessidade de controles mais rígidos que impactam as demonstrações de resultados. Há hoje uma maior demanda de apresentação de documentação e apurações de resultados para manutenção da filantropia e de seus benefícios fiscais.

As S.A. têm um grande apreço pelo controle de custos. O argumento é que aquilo que está "dentro de casa" depende apenas dos administradores. Adotam o orçamento matricial, em que, além das rubricas tradicionais por setor – Capex, Opex etc. – que já constam do orçamento, utiliza-se outra ótica, a partir das grandes contas ofensoras, como de luz, de água, impressões (muito relevante nesse negócio), telefone, contratos de terceiros, indenizações trabalhistas, entre outras. É designado um gerente de conta, que acumula com outras funções e que tem como meta cumprir o orçado para aquela conta em todo o grupo, geralmente com meta de redução anual.

A tecnologia é amplamente utilizada para o controle da gestão, geralmente com ERPs no nível nacional centralizados ou respondendo diretamente à matriz. Todos os grupos educacionais da educação implantaram seu Centro de Serviços Compartilhado (CSC) após uma ampla revisão e criação de novos processos nas áreas-meio. A partir disso, é possível aproveitar sinergias entre as IES integrantes dos grupos, estabelecer padrões, acompanhar e avaliar as operações. Os CSCs englobam as operações recorrentes, matrículas, cobranças, cumprimento dos currículos e emissão dos diplomas, entre outras operações. Alguns grupos inovaram e levaram para dentro do CSC a parte do regulatório que exige o acompanhamento dos prazos e processos do MEC, como renovação de reconhecimento de curso, solicitação de abertura de novos cursos etc.

Todos os grupos têm estabelecido padrões de operação que diminuem o custo de transação dentro da empresa, pois os modelos e formas de cumprir as tarefas já foram definidos pela Diretoria Executiva. Como ninguém fica discutindo como deveria ser, existe uma boa economia de tempo nisso. Padrões também promovem a possibilidade de acompanhamento dos processos, a transparência, a possibilidade de comparação do desempenho das IES que integram o grupo e, com isso, possibilitam a aprendizagem organizacional.

Outra dimensão empresarial bastante valorizada em outras indústrias começou a ser desenvolvida na educação dentro dos grandes grupos educacionais: o gerenciamento de risco. Essa dimensão é muito importante em um setor altamente reputacional, como é o caso da educação, em que a marca é um dos elementos de decisão para a escolha do aluno. Além disso, trata-se de um setor altamente regulado, em que a concessão para operar é privilégio do governo federal, sendo ainda uma indústria que se utiliza cada vez mais da tecnologia. Apenas esses três pontos já são suficientes para entender o porquê da preocupação em fazer gerenciamento de risco por parte dos grupos com suas mantenedoras e, por sua vez, com suas IES.

A boa gestão passa por previsibilidade. Costuma-se dizer que surpresas não são bem-vindas nem mesmo trazendo notícias boas. Nesse sentido, os grupos de capital aberto passam a operar suas matrizes de risco, que envolvem padrão nas operações, com processos e controles bem definidos. Há padrão também na comunicação interna, visando evitar que conceitos e nomenclaturas sejam utilizados de diferentes formas. Por exemplo, o conceito de evasão adotado pelas IES integrantes de um grupo econômico deve ser absolutamente o mesmo para que possa ser medido e comparado interna e externamente. O Conselho das S.A. tem mais responsabilidade sobre o controle dos riscos externos, e os executivos, sobre o monitoramento dos riscos internos.

Um ponto relevante de atenção é a possibilidade de falha de comunicação entre conselheiros e executivos, pois como poucos conselheiros integrantes dos conselhos das S.A. da educação vêm do setor de educação, o risco de não compreensão de determinados componentes, como o próprio regulatório, é alto. E falhas ou má condução dos aspectos regulatórios ditados pelo MEC podem significar a diferença entre a licença para operar no setor ou não.

A gestão de risco das IES não pode ser apenas financeira; tem de ser corporativa, envolvendo alinhamento de agendas entre regulador, conselho, executivos, funcionários, professores, alunos e sociedade. A educação precisa trabalhar com o conceito de matriz integrada de riscos, governança, reputacional e operacional.

O monitoramento do financiamento estudantil disponibilizado pelo governo federal, o Fies, é um dos elementos que fazem parte das matrizes de risco acompanhadas pelas S.A., pois quanto maior o contingente de alunos com Fies, mais as IES e, por consequência, os grupos educacionais são dependentes do governo federal. As tomadas de decisão dos grupos educacionais com relação ao Fies foram diferentes entre si, porém todos eles acompanham o Fies em suas matrizes de risco.

Alguns grupos levam os conceitos de padronização, controle e gestão de risco também para a área acadêmica e curricular, visando aos mesmos benefícios dos padrões, controles e gestão de riscos operacionais supracitados. Essa proposta faz todo o sentido, pois a área acadêmica é exatamente o coração do negócio, é a entrega do serviço ao qual a S.A. se propõe.

Os chamados currículos nacionais padronizados são uma maneira de fortalecer a marca, pois os alunos sabem o que esperar em termos de conteúdo e proposta pedagógica dos cursos que integram as IES das S.A., independentemente de onde se localizem geograficamente.

Existem diferentes maneiras de realizar o processo, e um dos grandes grupos inovou na proposta de padronização das atividades acadêmicas com o objetivo de poder estabelecer indicadores de acompanhamento da qualidade do serviço prestado e do desempenho dos alunos. Faz-se assim gestão de risco tanto sobre a marca quanto sobre o regulatório, que pode ser impactado, por exemplo, pelo mau desempenho dos alunos no Exame Nacional de Desempenho de Estudantes (Enade) do governo federal, o que implicaria diretamente sanções na licença para seguir operando aquele curso.

O caso do Grupo X

O Grupo X é composto por faculdades, centros universitários e universidade presentes em todo o território nacional. Preocupado em levar qualidade de educação para todos os seus alunos, garantindo um espaço e crescimento no mercado de trabalho, iniciou um projeto que teve por base os conceitos de sociedade do conhecimento e de economia do conhecimento. Este último diz o seguinte: "Na economia do conhecimento, o que tem valor é o conhecimento produzido coletivamente mediado por plataformas digitais". Ou seja, cabeças pensantes trabalhando colaborativamente tendem à construção de um conhecimento de maior qualidade, independentemente do local onde cada um se encontre, pois hoje podemos construir conhecimento coletivo a distância usando plataformas digitais.

O Grupo X possui em torno de 7 mil especialistas na produção de conhecimento; são 7 mil professores espalhados pelo território nacional. Para que esses professores pudessem discutir com seus pares em todo o Brasil (por exemplo, professores de direito discutindo com professores de direito; de administração com os de administração; de enfermagem com os de enfermagem e assim por diante), criou-se uma plataforma de uso exclusivo dos professores, um sistema de gestão do conhecimento. Foi por meio dessa plataforma que os professores do Grupo X discutiram e elaboraram os currículos nas diferentes áreas do conhecimento. Formou-se assim uma rede de conhecimento, tendo como consequência 72 currículos integrados nacionalmente, todos com uma metodologia apropriada para a aprendizagem do adulto e com foco no desenvolvimento de competências para o mercado de trabalho.

No Grupo X, os padrões de qualidade não foram criados por pequenos grupos e impostos de cima para baixo; eles foram consequência do acordo de qualidade construído pelos especialistas nas diferentes áreas de conhecimento – os professores.

Na plataforma de gestão do conhecimento, os professores elaboraram coletivamente/nacionalmente as propostas pedagógicas, os planos de ensino de cada disciplina, que se subdividem em 15 ou 17 planos de aula (dependendo do semestre). Os planos de aula são um pacto mínimo de qualidade feito pelos próprios professores sobre competências (conteúdo, habilidade, atitude), metodologias e técnicas que devem ser desenvolvidas em cada aula. A bibliografia que será indicada para o aluno também é um dos elementos de discussão nacional pelos professores.

Por meio da plataforma, a discussão é retomada de tempos em tempos, com o objetivo de manter os currículos atualizados. Anualmente, o Grupo X convidava para um evento pessoas de destaque em cada uma das carreiras oferecidas pelas suas IES, para debaterem e fazerem sugestões aos coordenadores de curso e professores sobre como manter os currículos alinhados com o mundo do trabalho.

Esse é um debate difícil e interessante, pois uma formação universitária deve ter foco na empregabilidade do aluno, não apenas no curto prazo, mas para a vida toda. Muitas vezes, o mercado de trabalho é imediatista e pensa apenas em preencher vagas. Nesse ponto entra a *expertise* do corpo docente, na busca do equilíbrio entre uma formação que traga a possibilidade de o aluno ingressar no mercado ou mesmo melhorar sua posição nele no curto prazo, e a competência para manter-se e crescer nesse mercado.

As premissas estabelecidas pelos gestores do Grupo X na construção coletiva dos currículos nacionais são:

1) Trabalhar as competências na formação do aluno, pois no mundo atual a informação se torna obsoleta muito rapidamente, mas o aluno que "aprende a aprender" sempre terá condições de se atualizar ao longo da vida. É necessário "saber fazer", ter a habilidade da aplicação do saber teórico no desenvolvimento de algo ou na resolução de problemas, pois teoria e prática são as duas faces da mesma moeda e uma não deve existir sem a outra. Ainda, deve-se "saber ser", o que diz respeito à atitude frente às situações e à vida, aos valores que escolhemos para pautar nossa vida: a ética, a solidariedade, a honestidade (Relatório Delors, 1999).
2) Ter até 20% de disciplinas na modalidade a distância. O domínio de novas tecnologias e o desenvolvimento cerebral de compreensão e interação com as linguagens virtuais são atualmente básicos no mercado de trabalho e na própria vida. Além disso, a inclusão dos 20% de educação a distância nos currículos presenciais, em decorrência do grande volume de alunos que o Grupo X possui, é um poderoso redutor de custos, melhorando a margem das IES.
3) Toda proposta deve ter na sua concepção a possibilidade de geração de indicadores para o acompanhamento dos gestores.
4) O sistema de gestão do conhecimento deverá guardar todo o histórico de discussão nacional e construção coletiva dos currículos.

Os professores constroem os projetos dos cursos e os currículos coletivamente, e os alunos têm acesso a todo esse material por meio de outra plataforma LMS, com o objetivo de poderem se programar antecipadamente para cada aula.

No Grupo X, por uma decisão estratégica, os currículos presenciais e a distância são iguais, respeitando apenas as características de cada modalidade. A plataforma LMS utilizada pelos alunos no presencial ou a distância é a mesma, pois, no mundo atual, presencial e virtual estão cada vez mais próximos compondo uma verdadeira síntese da realidade.

Prova nacional

Atualmente, não se justifica mais que toda a formação dos alunos seja de única responsabilidade do professor da disciplina em sala de aula. É necessário que as instituições assumam a responsabilidade por seus projetos de educação, criando indicadores de qualidade para o acompanhamento da aprendizagem dos alunos. Com isso, a educação superior deixa de ser uma proposta basicamente autoral para tornar-se um pacto de qualidade entre os especialistas professores e as instituições de ensino.

O Grupo X estabeleceu como ponto fundamental do seu modelo de educação as provas nacionais. Estas são feitas por todos os alunos, a partir de um banco de questões, também fruto de construção coletiva pelos professores. As questões eram elaboradas em seis níveis de complexidade, sendo que os níveis 5 e 6 incluem questões discursivas.

O grau de dificuldade das provas é parametrizado no banco de questões pelo coordenador nacional de curso, que integra a diretoria acadêmica. O banco de questões em um processo randômico gera provas diferentes, porém com o mesmo grau de dificuldade para todas as IES do grupo.

A partir disso, a Diretoria Acadêmica tem condições de acompanhar o desempenho das turmas em todo o Brasil, avaliando a qualidade de implementação do projeto, bem como dos professores que o ministram.

Na análise das provas nacionais, é possível determinar que turmas estão com dificuldades e em que parte da matéria, compará-las nacionalmente, assim como o histórico de desempenho dos alunos naquela disciplina. Com isso, pode-se realizar um processo de melhoria contínua nos projetos pedagógicos dos cursos, bem como nas metodologias e práticas utilizadas pelos professores.

Material didático

Em decorrência do perfil dos alunos do Grupo X, a Diretoria Acadêmica decidiu que ter material didático em papel para o aluno acompanhar as disciplinas melhoraria seu desempenho. Não acreditando em apostilas, resolveu que os alunos deveriam ter acesso às bibliografias consagradas em cada disciplina. Os professores selecionariam 150 páginas por disciplina, que o aluno receberia em forma de encarte impresso em gráficas com papel reciclado. Poderiam ser selecionados capítulos de até três obras por disciplina. De fácil portabilidade, o aluno levaria o material para seu trabalho, para estudar nos períodos livres e também durante seus deslocamentos no ônibus, metrô etc.

Essa parte do projeto mereceu destaque, pois todas as pesquisas feitas com os alunos enquanto esta proposta estava em operação traziam como primeiro item o destaque favorável dado por eles ao material didático.

O caso descrito possibilitou ao grupo uma melhoria no desempenho dos alunos em todas as IES, inclusive nos indicadores de avaliação externa por parte do MEC. Ele fazia muito sucesso quando apresentado aos investidores e possíveis investidores, pois mostrava a seriedade e a preocupação dos gestores com a qualidade da atividade-fim do grupo. Foi importantíssimo no projeto de melhoria da marca do grupo em todo o Brasil.

A diretoria acadêmica era constantemente solicitada a palestrar para os investidores. Muitas pessoas pensam que os investidores apenas se interessam pelo desempenho financeiro, mas nesse tipo de negócio os investidores querem saber como a atividade-fim está sendo entregue. Educação é um negócio para investimentos de médio e longo prazos, os fundos que investem sabem que as margens são ótimas e que é possível ter um bom resultado, sendo que este depende muito da qualidade da entrega do serviço. Educação é um negócio reputacional, ou seja, é difícil construir uma marca e fácil manchá-la.

Quadro 4 – De – Para (modelos adotados)

Modelos adotados tradicionalmente	**Modelos trazidos pelos grupos de educação S.A.**
Governança e gestão exercidas pelos mesmos profissionais, papéis mal definidos	Governança e gestão exercidas por profissionais diferentes, papéis claramente definidos
Modelo de crescimento centrado no lançamento de novos cursos sem comprovação de demanda	Modelo de crescimento centrado em análise de mercado, potencial de mercado – orgânico e via aquisições – e demandas de formação
Foco no planejamento acadêmico	Foco no planejamento estratégico com desdobramento de metas em todas as áreas
Operações sem orçamento	Foco em orçamento operacional e de investimento
Modelos de gestão hierarquizados e centralizados	Modelos de gestão matriciais e horizontalizados
Sem um esforço comercial definido	Foco nos processos de captação e retenção (marketing e comercial)
Professor detém o comando do processo de planejamento da aula, execução e auditoria por meio das provas	Professor passa a ser avaliado e auditado por sistemas independentes de gestão
Gestão de risco sem metodologia com foco no regulatório	Gestão de risco corporativa – profissionalizada e com metodologia
Ausência de sistemas integrados de gestão	Gestão integrada com utilização intensiva de tecnologia (ERPs)
Ausência de modelos meritocráticos e de premiação	Uso de modelos meritocráticos (bônus, *stock options*)

Capítulo 5

O uso da tecnologia na educação de massa

O termo educação de massa é muito controverso, pois a educação formal na sociedade ocidental visa ao indivíduo, possibilitando que ele se construa como sujeito da sua vida e da história. Porém, como já dissemos, o Brasil tem a missão de incluir muito mais pessoas no ensino superior, não apenas para cumprir com os compromissos internacionais e nacionais assumidos, mas para ser viável como país. O capital humano no Brasil tem uma formação que deixa a desejar em todos os níveis. Claro, temos as lideranças que se destacam, ganham bolsas de estudos e frequentam excelentes universidades no mundo todo. Mas como contraponto, um operário brasileiro precisa de quatro dias para fazer o que um americano faz em um dia, e dois dias para produzir o que um operário chileno produz em um (Conference Board, USA, 2015). Entre esses extremos, há um grande contingente de pessoas que desempenham tarefas intermediárias: profissionais liberais, médias gerências etc.

Para que o contingente que precisamos incluir no ensino superior, com a escala necessária, possa também receber uma educação que apoie esses indivíduos como sujeitos, temos de utilizar tecnologia. A educação superior com a escala de que o Brasil precisa só será eficiente se a tecnologia for utilizada.

A tecnologia propicia que as pessoas aprendam independentemente do local onde estejam. Pressupõe padrão, pressupõe indicadores de qualidade e possibilita a inclusão do gestor no acompanhamento do processo de ensino/aprendizagem.

A educação a distância é a modalidade que mais cresce no país. Ainda não é a modalidade com maior número de alunos, mas sim a com maior crescimento percentual.

Gráfico 4 – Matrículas em EAD pública × privada (2009-2015)

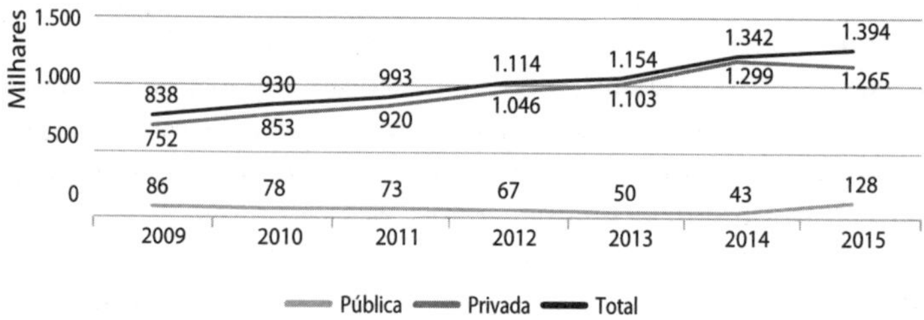

Fonte: Inep. Evolução da Educação Superior – graduação.

A educação a distância é uma modalidade que fala muito bem com os chamados alunos trabalhadores, pois pode ser realizada em diversos ambientes. Ao contrário do que se imagina, a boa educação a distância propicia interação tanto com os professores/tutores quanto com os colegas. Melhor seria se fosse chamada educação virtual.

Na educação a distância, um aluno não fica incógnito, nem pode passar o semestre todo "sentado no fundo da sala de aula", sem participar, pois a tecnologia ajuda o professor a saber quais alunos não estão participando das tarefas. Assim, uma modalidade que parece favorecer o anonimato, em realidade dá suporte à individualização graças à tecnologia, que gera indicadores e relatórios para os professores e gestores. É a metaobservação da sala de aula.

Entre os professores e os alunos, existe na EAD outra camada, a tecnológica, que permite ao professor tomar ciência de quais alunos participam e, inclusive, da qualidade de suas participações. Com o chamado *learning analitycs* é possível saber em que aspectos determinado aluno se destaca da média, por que está com problemas ou por que tem um desempenho melhor que toda a turma. É possível também personalizar algumas tarefas, com apoios de nivelamento para que o aluno consiga acompanhar os colegas, evitando-se também a evasão por motivo acadêmico. Ainda é possível elaborar tarefas mais desafiadoras para os alunos acima da média, fazendo com que todo o seu potencial seja desenvolvido.

A EAD poupa tempo e recursos dos alunos, por exemplo, no gasto com alimentação no *campus*, posto que os alunos do presencial costumam ir diretamente do trabalho para a IES. Além disso, inclui inúmeras outras metodologias e ambientes de aprendizagem, por exemplo, os *games* educativos, simuladores tão importantes na educação e que não substituem as atividades de laboratório, mas as otimizam, pois quando o aluno entra no laboratório, já teve a experiência da simulação virtual.

Todo curso que tenha atividades de laboratório incluídas no seu percurso formativo tem a obrigação de oferecer o espaço de laboratório físico, para que mesmo o aluno de educação a distância pratique presencialmente.

O MEC prevê que as provas dos cursos de EAD devem ser presenciais – pelo menos a prova final – e que a avaliação presencial deve ser o maior peso da nota do semestre para aprovação.

Alguns dos desafios da educação a distância dizem respeito à autodisciplina que os alunos precisam ter para acompanhar o curso, já que podem escolher os horários e os dias em que farão suas atividades de aprendizagem. Por isso, é uma modalidade que tem maior aderência, até o momento, de um público adulto, trabalhador, que já desenvolveu essa disciplina em decorrência de outros fatores. A tendência disso, no entanto, é mudar, pois as novas gerações que estão chegando nas IES são absolutamente digitais e têm outro comportamento cognitivo, que não se coaduna aos longos tempos de aulas expositivas presenciais.

O formato que até o momento vem obtendo sucesso é o chamado híbrido, ou semipresencial, que reúne os avanços da era digital nos ambientes e métodos de ensino/aprendizagem e alguns encontros presenciais. Onde tarefas que são mais bem desempenhadas presencialmente, laboratórios ou mesmo seminários acontecem. Isso ajuda também o aluno na disciplina de acompanhamento de curso.

A modalidade de educação a distância e a semipresencial ou híbrida são amplamente dominadas pelo setor privado e majoritariamente pelos grupos de capital aberto, pois eles identificaram rapidamente a sinergia da modalidade com seu público-alvo. Outro ponto importante é que esses grupos estão capitalizados, investem e acreditam na tecnologia como forma de desenvolver uma proposta de aprendizagem de qualidade com baixo custo.

Ao contrário do que o senso comum imagina, a produção de disciplinas e cursos a distância, assim como semipresenciais, é cara, e seu retorno financeiro depende da escala, de um grande número de alunos, para se tornar viável. São questões que favorecem os grandes grupos, como dissemos, que têm recursos para investir e possuem uma grande base de alunos.

Com a EAD, cria-se outra camada de profissionais dentro das IES, os *web-designers* e os desenhistas instrucionais, responsáveis por transformar os conteúdos em objetos de aprendizagem que possam ser acessados em computadores, *tablets* ou *smartphones*. Cada vez mais, essas novas figuras tomam importância, pois faz parte do seu trabalho estar sempre atualizadas em relação às tendências da *web* para propor soluções de aprendizagem que dialoguem bem com os alunos.

As exigências do regulatório do MEC sobre a oferta de EAD no país torna a modalidade mais onerosa, fazendo com que operar nela passe a ser quase uma reserva de mercado para as S.A. capitalizadas.

As questões levantadas sobre a hegemonia das S.A. na educação virtual criam um *gap* cada vez maior no setor, pois essa não é apenas uma modalidade, mas uma nova forma de desenvolver um raciocínio compatível com a sociedade do conhecimento e com as novas gerações. Isso aumenta o risco de obsolescência das pequenas e médias IES independentes, que não possuem recursos para investir no desenvolvimento da aprendizagem virtual e nem base de alunos que justifique isso.

Kroton e Estácio juntas detêm 47,7% das matrículas em EAD no Brasil, somando, em 2015, 533 mil alunos (Inep/MEC Relatório das Empresas Santander, 11 de julho 2016).

Uma das consequências da hegemonia das S.A. no mercado de EAD é que os ativos disponíveis para consolidação no mercado são mais valorizados quando portadores de credenciamento pelo MEC para operar na modalidade.

A margem da operação de uma IES com educação a distância e a escala na base de alunos é sensivelmente melhor do que a margem de uma operação exclusivamente presencial.

O ensino virtual, quando feito com responsabilidade e níveis de qualidade compatíveis, pode ser excelente. Uma das questões a que é necessário manter-se atento é a tendência de utilização do ensino responsivo de forma abusiva. O chamado ensino responsivo é a possibilidade da leitura do desempenho dos alunos pelas plataformas tecnológicas parametrizadas e o automático encaminhamento de atividades de acordo com o desempenho mapeado. Isso é possível desde que aplicado de maneira adequada aos métodos de ensino/aprendizagem.

Existe, dentro dos grupos educacionais, uma tendência permanente de controle e redução de custos, como já mencionado. Em uma instituição de ensino, o maior custo é o da folha docente, existindo a tentação de utilização de mais ensino responsivo do que o que seria indicado academicamente, em um devaneio de eliminação do maior fator de custo das IES: o professor.

Este é um debate que existe a partir da compreensão equivocada de que professor é apenas custo em uma IES. O professor é, na realidade, um grande ativo das companhias de educação S.A., bem como de todas as instituições de ensino. É claro que esse capital intelectual tem um preço e é necessário investir nele sempre com uma visão de sustentabilidade.

Algumas vezes, o debate muito centrado no financeiro e a responsabilidade de apresentação de resultados fazem com que os executivos das S.A., ou parte deles, não percebam que estamos na sociedade do conhecimento e, por consequência, na economia do conhecimento, em que os maiores ativos das empresas são justamente inteligência e competência. Ou seja, pela primeira vez, o ativo intangível se sobrepõe aos ativos tangíveis na geração de valor.

No capítulo anterior, falamos da importância do uso da tecnologia na gestão dos grupos educacionais, propiciando uma gestão integrada e fornecendo dados e informação de suporte para a gestão. Referimo-nos também a como o uso dessa tecnologia, inclusive os ERPs, agrega valor, qualificando a gestão dos grandes grupos frente às IES com gestão tradicional e pouco profissionalizada. Outro ponto relevante é que a tecnologia propiciou a entrada de novos atores no próprio processo de ensino/aprendizagem, inclusive nos cursos presenciais.

A responsabilidade do professor sempre foi muito solitária. O professor planeja sua aula baseado em uma ementa bastante ampla que integra o projeto pedagógico de curso. Ele executa seu planejamento, a rotina da sala de aula e audita seu próprio trabalho por meio dos desempenhos dos alunos nas tarefas e provas do período.

Com o uso da tecnologia, o professor pode discutir toda a construção de sua disciplina com seus colegas, independentemente de onde eles se encontrem. Sendo currículos padronizados a partir de construção coletiva, os professores devem chegar a um acordo sobre quais os melhores conteúdo, método e objetos de aprendizagem, e toda essa construção pode ser acompanhada e medida pelos gestores. Como o professor executa sua rotina de aula por meio do uso do banco de questões e de outros objetos de aprendizagem virtual, o gestor pode acompanhar o desempenho dos alunos, bem como dos professores. A tecnologia, assim, possibilita o acompanhamento pelos gestores do serviço prestado pelos professores e, em última instância, pela IES da qual participa.

A avaliação institucional, obrigatória pelo MEC, na qual o aluno deve avaliar seus professores, a infraestrutura e a proposta pedagógica da IES passa a ser mais um instrumento de gestão com o uso de tecnologia, facilitando a leitura dos indicadores pelos gestores, os quais devem acompanhar e corrigir eventuais problemas.

Esse mundo virtual não é mais privilégio dos cursos em EAD; já é usado em larga escala na educação presencial, principalmente dos grupos S.A., preocupados em investir em tecnologia para melhorar a qualidade da gestão e da sua proposta educacional.

Nem sempre a reação dos professores à entrada desses novos atores no processo de ensino/aprendizagem, historicamente dominado apenas por eles, os especialistas, é positiva. Por isso, é necessário que a governança do grupo e de suas IES seja clara e diretiva, posto que a gestão, também nesse processo – quando se tem um corpo docente grande, entre 4 mil e 7 mil professores espalhados pelas IES integrantes do grupo em todo o Brasil – é fundamental para que se garanta a entrega de valor com a qual se comprometeu.

Acompanhar e garantir que 500 mil ou mais de 1 milhão de alunos, números dos grupos de capital aberto no Brasil, recebam a educação com o nível e a qualidade prometida não é tarefa simples.

Conclusão

Alguns pontos pertinentes ao tema deste livro merecem ser discutidos nesta conclusão. Um deles é referente à existência ou não do paradoxo entre qualidade e lucro na educação, ou mesmo se a educação deveria ser facultada como operação do setor privado com fins lucrativos.

Como argumentos favoráveis à operação das S.A. na educação e já procurando desmistificar a questão qualidade × lucro, precisamos levar em consideração o perfil dos empresários atuais e daqueles que buscam investimentos de médio e longo prazos. Todo o esforço feito ao longo dos anos para a conscientização da necessidade de operar negócios com visão de sustentabilidade tem aqui um bom campo, pois um empresário que operar com visão de maximização de lucros em curto prazo está, na realidade, matando seu próprio negócio. Como dissemos no corpo do livro, educação é um negócio altamente reputacional e, portanto, acabar com a credibilidade de uma marca na educação superior é um processo rápido. Acreditar que uma IES ou um grupo educacional S.A. não tenha condições de prestar um bom serviço para a sociedade por princípio, porque tem de dar resultados econômicos positivos e valorizar suas ações em bolsa, é apenas um preconceito com relação a instituições capitalistas e não se sustenta como argumento.

O Brasil atual é um país que não tem condições de expandir o ensino público para todo o contingente populacional necessário para que a educação superior deixe de ser um gargalo no país e passe a ser um elemento de impulsão do desenvolvimento. Somando-se a constatação da ineficiência do setor público de educação superior, quando consideramos o custo do aluno no setor público comparado com o custo do aluno no setor privado, mesmo que financiado pelo Estado, demonstra-se a necessidade de termos a iniciativa privada operando na educação.

A aplicação de boas metodologias de gestão faz toda a diferença em qualquer setor. A preocupação em não desperdiçar, em utilizar os recursos com eficácia, é facilmente identificável quando analisamos o desempenho dos setores público e privado na educação.

O setor privado de educação, em decorrência do seu público-alvo – alunos da classe B, C e D, a serem incluídos no sistema –, especializou-se em um ensino mais vocativo, focado na formação para o mercado de trabalho. O país precisa disso. Alemanha, Estados Unidos, Inglaterra, entre outros países, também têm suas alternativas de cursos superiores que formam para o mercado de trabalho. Esse fator não pode ser considerado um elemento de mácula da educação superior; afinal, melhorar o nível de vida das pessoas e a qualidade do seu desempenho nas atividades profissionais é digno e necessário. A universidade de pesquisa sempre terá seu lugar dentro do sistema, mas não pode ser a única proposta de formação para uma nação.

O fato de os grupos de educação S.A. serem listados em bolsa facilita o controle da sociedade sobre os mesmos, em decorrência da grande exigência de transparência em suas formas de operar. Assim, tornam-se mais complexas e mais detalhadas as maneiras de demonstração de resultados, o que exige controle e acompanhamento também maior internamente, por parte de seus gestores, e um sistema de auditoria permanente.

Por outro lado, encontramos alguns pontos de atenção importantes a serem observados pelos grupos S.A. A tendência de considerar o professor custo é uma delas. Não é possível que, em plena sociedade do conhecimento, o especialista detentor de todo o capital intelectual, que faz com que o negócio realmente aconteça na sala de aula, não seja entendido como o ativo mais valioso da companhia. O professor tem de ser valorizado; suas competências, desenvolvidas e tratadas de maneira coerente com o papel que desempenha, o que não significa que se devam esquecer os bons princípios que levam uma empresa a ser sustentável ao longo do tempo. Pelo contrário, é fundamental que a avaliação, a valorização e a meritocracia sejam aplicadas também ao corpo docente. O professor, por sua vez, tem a responsabilidade da atualização permanente, refletindo sobre seu fazer em uma sociedade na qual a lógica e a dinâmica constante das novas tecnologias permeiam todas as atividades, e principalmente refletindo sobre as peculiaridades da educação de adultos.

Outro ponto relevante é a já conhecida discussão sobre se aluno é cliente. A relação que deve se estabelecer entre aluno e professor em sala de aula é distinta da relação entre cliente e fornecedor. O aluno e o professor desenvolvem uma relação de poder baseada na diferença de conhecimento e experiência que um tem frente ao outro. Os alunos não podem livremente escolher quais os melhores conteúdos, métodos e práticas para sua aprendizagem, simplesmente porque ainda não detêm esse conhecimento. Disso não decorre que não tenham o direito democrático de questionar e debater com seus professores. Ao contrário, o bom professor fará disso também uma atividade de ensino/aprendizagem. O cliente discute de igual para igual com seu fornecedor, havendo entre os dois apenas uma relação de prestação de serviço e não uma relação de poder. A tendência de se tratar aluno como cliente muitas vezes é consequência de os gestores dos grupos S.A. serem oriundos de outros setores da economia em que o cliente é o mais importante, o que os leva a acreditar que tratar aluno como cliente é mais uma etapa de profissionalização da IES. Contudo, na realidade, isso é acabar com o próprio negócio. Nem sempre a disciplina de gestão é uma disciplina genérica. Em setores como educação e saúde, faz-se necessária a compreensão das peculiaridades do negócio para lograr desenvolvê-lo a contento. No máximo, o aluno poderia ser entendido como cliente da IES quando estiver fora da atividade acadêmica, mas nunca em sala de aula.

Outra discussão muito relevante é: qual é o modelo de educação superior que o Brasil deseja ter nos próximos anos?

Todos os países do mundo que conseguiram chegar a uma taxa líquida satisfatória de matrículas no ensino superior, mesmo tendo o setor privado operando no sistema, o fizeram com apoio de amplo financiamento de Estado. No Brasil, onde as vagas para curso superior são majoritariamente oferecidas pelo setor privado e, como vimos, os alunos que precisam ser incluídos no setor são os de baixa renda, não poderá ser diferente.

Programas como Prouni e Fies devem ser, sempre que necessário, reformulados e atualizados, com a finalidade de inibir a má utilização do dinheiro público, porém são fundamentais para a expansão do sistema.

No entanto, está em curso um processo que deve, no mínimo, ser questionado. Desejamos que o país tenha um sistema educacional dicotomizado entre os grupos S.A. e as instituições públicas? E as IES chamadas "independentes", que caminhos de sustentabilidade se desenha para elas?

Os grandes grupos S.A., por tudo o que já vimos, tanto por serem investidos pelos fundos de *private equities* quanto por terem gestão eficiente e escala na sua base de alunos, estão muito mais capitalizados. Têm, portanto, condições de investir em tecnologia, de oferecer educação com qualidade adequada a preços muito mais competitivos do que as IES independentes. Têm melhores condições de propiciar que seus alunos utilizem o sistema de financiamento do governo, mas têm também capacidade para desenvolver seus próprios sistemas de financiamento aos alunos, complementares ao Fies. Além disso, estão em pleno processo de consolidação do setor, crescendo por ofertas orgânicas e fundamentalmente por aquisição das IES menores. Na modalidade a distância, os grandes grupos S.A. já possuem hegemonia na oferta de vagas e no número de alunos. Essa é uma espiral que se retroalimenta.

Temos também o custo da regulação do MEC. É claro que a regulação é altamente desejável em um setor tão importante como educação, porém, em decorrência das travas dessa regulação, seu custo é alto no país, o que acaba muitas vezes resultando em uma reserva de mercado para as S.A. que têm capital para suportar as exigências e os tempos das avaliações e das licenças do MEC.

De parte das independentes, assistimos a tímidas reações frente a esse contexto, por exemplo, a fusão entre pequenas IES visando a ganhos de escala. Quando essas pequenas fusões são feitas de forma adequada, é possível apurar ganhos de eficiência com as sinergias.

Não resta nenhuma dúvida sobre a importância dos grupos S.A. no desenvolvimento do país por meio da educação em larga escala, com utilização de tecnologia, incluindo novos alunos, melhorando as taxas líquida e bruta do país e qualificando o próprio mundo do trabalho. As IES públicas, por sua vez, não irão desaparecer, não obstante a incapacidade atual de se expandirem com eficiência. As questões que ficam são: será adequado para um projeto de nação perder a riqueza da diversidade de tipos de instituições que operam na educação superior? Será produtivo, inclusive para as públicas e para os grupos S.A., que também precisam do diferente e do debate para seguir suas dinâmicas de atualização e qualificação? É realmente o que queremos, um setor dividido entre as IES públicas e IES dos grandes grupos S.A.?

Nossa posição é que esse debate deve continuar...

Referências

GOIS, Antônio. Problema não está só no médio. Blog no site de *O Globo*, 26 set. 2016. Disponível em: <http://blogs.oglobo.globo.com/antonio-gois/post/problema-nao-esta-so-no-medio.html>. Acesso em: 17 mar. 2017.

KIM, W. Chan; MAUBORGNE, Renée. *A estratégia do oceano azul*. Rio de Janeiro: Campus, 2005.

MARTELANC, Roy; PASIN, Rodrigo; PEREIRA, Fernando. *Avaliação de empresas*: um guia para fusões e aquisições e private equity. São Paulo: Pearson Prentice Hall, 2010.

NUNES, Edson de Oliveira. *Educação superior no Brasil*. Rio de Janeiro: Garamond, 2012.

Sites

www.animaeducacao.com.br

www.conference-board.org

www.estacioparticipacoes.com.br

www.kroton.com.br

www.sereducacional.com.br

Relatórios

Education at a Glance – OCDE, 2103.

Relatório das Empresas Santander, 11 jul. 2016, por Bruno Giardino.

Censo Educação Superior – MEC/Inep, 2015.

Relatório para a Unesco da Comissão Internacional sobre Educação, 1999, por Jacques Delors.

Glossário

AEDU3. Código de negociação, na BM&FBovespa, das ações da Anhanguera Educacional

ANIM3. Código de negociação, na BM&FBovespa, das ações da Anima Educação

BM&FBovespa. Bolsa de Valores, Mercadorias & Futuros

CA. Conselho de Administração

Cade. Conselho Administrativo de Defesa Econômica

Capex. *Capital expenditure*; investimento em bens de capital

Cebas. Certificado das Entidades Beneficentes de Assistência Social

CEO. *Chief executive officer*; diretor presidente

CFO. *Chief financial officer*; diretor financeiro

C-Level. *Chief level*; diretores executivos na primeira linha de comando da empresa

CSC. Centro de Serviço Compartilhado

CVM. Comissão de Valores Mobiliários

DRE. Demonstrativo de resultado

Due diligence. Diligência/auditoria

EAD. Educação a distância

Ebitda. *Earning before taxes, depreciation and amortization*; o lucro considerando juros e antes de imposto de renda, depreciação e amortização

Enade. Exame Nacional de Desempenho dos Estudantes, ensino superior

Enem. Exame Nacional do Ensino Médio

ESTC3. Código de negociação na BM&FBovespa das ações da Estácio Participações

Fies. Financiamento estudantil

Fundos de *private equities*. Tipo de fundo de investimento que compra participação em empresas

FV. *Firm valuation*; avaliação da empresa como um todo; inclui participação acionária e capital de terceiros

IBGE. Instituto Brasileiro de Geografia e Estatística

IES. Instituição de ensino superior

IFC. International Finance Corporation; braço do Banco Mundial para o desenvolvimento da educação e saúde

IFRS. International Financial Reporting Standards; padronização dos princípios contábeis internacionais

Inep. Instituto Nacional de Pesquisa Anísio Teixeira

IPO. *Initial public offer*; oferta inicial de ações

KROT11. Código de negociação na BM&FBovespa das ações da Kroton Educacional

LDB. Lei de Diretrizes e Bases da Educação

MEC. Ministério da Educação

OCDE. Organization for Economic Coperation and Development; Organização de Cooperação e Desenvolvimento Econômico

Opex. *Operational expenditure*; custos e despesas operacionais

PNE. Plano Nacional de Educação

Prouni. Programa Universidade para Todos

SEER3. Código de negociação na BM&FBovespa das ações do Ser Educacional

***Stock option*.** Forma de remuneração dos gestores por meio de contrato de opção de compra das ações da própria empresa

Unesco. United Nations Educational, Scientific and Cultural Organizations; sigla para Organização das Nações Unidas para Educação, Ciência e Cultura

***Valuation*.** Avaliação de empresas

Autores

Paula Caleffi

Sócia da Comatrix Educação – Gestão e Consultoria. Doutora em história e geografia da América pela Universidad Complutense de Madrid. Certificada para atuar em conselhos administrativos pelo Instituto Brasileiro de Gestão Corporativa (IBGC). Atuou como diretora executiva estatutária de ensino e pesquisa da Estácio Participações S.A. e reitora da Universidade Estácio de Sá. Foi diretora executiva da unidade acadêmica de graduação da Universidade do Vale do Rio dos Sinos (Unisinos) no período de 2005 a 2009 e gestora acadêmica de graduação da mesma universidade entre 2002 e 2005. Foi professora dos programas de mestrado e doutorado em história da Unisinos e do mestrado e doutorado da Pontifícia Universidade Católica do Rio Grande do Sul (PUCRS). É consultora convidada da Symbállein, Cultura e Gestão de Intangíveis. Tem ampla experiência e produção nos temas: educação superior; gestão da educação; gestão do conhecimento e inovação; planejamento, desenvolvimento e implementação de projetos de redes de conhecimento; transformação de instituições de educação superior.

Alexandre Mathias

Sócio da Comatrix Educação – Gestão e Consultoria. Profissional com notório saber na área de educação e de gestão estratégica. Formado em administração de empresas pela Universidade Santa Úrsula (USU) e certificado em *balanced scorecard* (BSC Colaborative). Especialista em: gestão estratégica de serviços pelo programa internacional ABS (Achieving Breakthroug Service) em consórcio das escolas Harvard Business School (HBS), Instituto de Estudios Superiores de la Empresa (Iese), Instituto Panamericano de Alta Dirección de Empresa (Ipade) e Escuela de Dirección y Negocios de la Universidad Austral (IAE); programação em sistemas pelo Centro de Processamento de Dados do Rio de Janeiro. Foi diretor executivo da Divisão de Livros da Ediouro Publicações, vice-reitor da Unigranrio e diretor geral da ESPM Rio.

Livros publicados pela Coleção FGV de Bolso

(01) *A história na América Latina: ensaio de crítica historiográfica* (2009)
de Jurandir Malerba. 146p.
Série 'História'

(02) *Os Brics e a ordem global* (2009)
de Andrew Hurrell, Neil MacFarlane, Rosemary Foot e Amrita Narlikar. 168p.
Série 'Entenda o Mundo'

(03) *Brasil-Estados Unidos: desencontros e afinidades* (2009)
de Monica Hirst, com ensaio analítico de Andrew Hurrell. 244p.
Série 'Entenda o Mundo'

(04) *Gringo na laje: produção, circulação e consumo da favela turística* (2009)
de Bianca Freire-Medeiros. 164p.
Série 'Turismo'

(05) *Pensando com a sociologia* (2009)
de João Marcelo Ehlert Maia e Luiz Fernando Almeida Pereira. 132p.
Série 'Sociedade & Cultura'

(06) *Políticas culturais no Brasil: dos anos 1930 ao século XXI* (2009)
de Lia Calabre. 144p.
Série 'Sociedade & Cultura'

(07) *Política externa e poder militar no Brasil: universos paralelos* (2009)
de João Paulo Soares Alsina Júnior. 160p.
Série 'Entenda o Mundo'

(08) *A mundialização* (2009)
de Jean-Pierre Paulet. 164p.
Série 'Sociedade & Economia'

(09) *Geopolítica da África* (2009)
de Philippe Hugon. 172p.
Série 'Entenda o Mundo'

(10) *Pequena introdução à filosofia* (2009)
de Françoise Raffin. 208p.
Série 'Filosofia'

(11) *Indústria cultural: uma introdução* (2010)
de Rodrigo Duarte. 132p.
Série 'Filosofia'

(12) *Antropologia das emoções* (2010)
de Claudia Barcellos Rezende e Maria Claudia Coelho. 136p.
Série 'Sociedade & Cultura'

(13) *O desafio historiográfico* (2010)
de José Carlos Reis. 160p.
Série 'História'

(14) *O que a China quer?* (2010)
de G. John Ikenberry, Jeffrey W. Legro, Rosemary Foot e Shaun Breslin. 132p.
Série 'Entenda o Mundo'

(15) *Os índios na História do Brasil* (2010)
de Maria Regina Celestino de Almeida. 164p.
Série 'História'

(16) *O que é o Ministério Público?* (2010)
de Alzira Alves de Abreu. 124p.
Série 'Sociedade & Cultura'

(17) *Campanha permanente: o Brasil e a reforma do Conselho de Segurança das Nações Unidas* (2010)
de João Augusto Costa Vargas. 132p.
Série 'Sociedade & Cultura'

(18) *Ensino de história e consciência histórica: implicações didáticas de uma discussão contemporânea* (2011)
de Luis Fernando Cerri. 138p.
Série 'História'

(19) *Obama e as Américas* (2011)
de Abraham Lowenthal, Laurence Whitehead e Theodore Piccone. 210p.
Série 'Entenda o Mundo'

(20) *Perspectivas macroeconômicas* (2011)
de Paulo Gala. 134p.
Série 'Economia & Gestão'

(21) *A história da China Popular no século XX* (2012)
de Shu Sheng. 204p.
Série 'História'

(22) *Ditaduras contemporâneas* (2013)
de Maurício Santoro. 140p.
Série 'Entenda o Mundo'

(23) *Destinos do turismo: percursos para a sustentabilidade* (2013)
de Helena Araújo Costa. 166p.
Série 'Turismo'

(24) *A construção da Nação Canarinho: uma história institucional da seleção brasileira de futebol, 1914-1970* (2013)
de Carlos Eduardo Barbosa Sarmento. 180p.
Série 'História'

(25) *A era das conquistas: América espanhola, séculos XVI e XVII* (2013)
de Ronaldo Raminelli. 180p.
Série 'História'

(26) *As Misericórdias portuguesas: séculos XVI e XVII* (2013)
de Isabel dos Guimarães Sá. 150p.
Série 'História'

(27) *A política dos palcos: teatro no primeiro governo Vargas (1930-1945)* (2013)
de Angélica Ricci Camargo. 150p.
Série 'História'

(28) *A Bolsa no bolso: fundamentos para investimentos em ações* (2013)
de Moises e Ilda Spritzer. 144p.
Série 'Economia & Gestão'

(29) *O que é Creative Commons? Novos modelos de direito autoral em um mundo mais criativo* (2013)
de Sérgio Branco e Walter Britto. 176p.
Série 'Direito & Sociedade'

(30) *A América portuguesa e os sistemas atlânticos na Época Moderna: Monarquia pluricontinental e Antigo Regime* (2013)
de João Fragoso, Roberto Guedes e Thiago Krause. 184p.
Série 'História'

(31) *O Bolsa Família e a social-democracia* (2013)
de Débora Thomé. 158p.
Série 'Sociedade & Cultura'

(32) *A Índia na ordem global* (2013)
de Oliver Stuenkel (Coord.). 120p.
Série 'Entenda o Mundo'

(33) *Escravidão e liberdade nas Américas* (2013)
de Keila Grinberg e Sue Peabody. 146p.
Série 'História'

(34) *Meios alternativos de solução de conflitos* (2013)
de Daniela Gabbay, Diego Faleck e Fernanda Tartuce. 104p.
Série 'Direito & Sociedade'

(35) *O golpe de 1964: momentos decisivos* (2014)
de Carlos Fico. 148p.
Série 'História'

(36) *Livro digital e bibliotecas* (2014)
de Liliana Giusti Serra. 186p.
Série 'Sociedade & Cultura'

(37) *A proteção jurídica aos animais no Brasil: uma breve história* (2014)
de Samylla Mól e Renato Venancio. 142p.
Série 'História'

(38) *A memória, história e historiografia* (2015)
de Fernando Catroga. 100p.
Série 'História'

(39) *Água é vida: eu cuido, eu poupo – para um futuro sem crise* (2015)
de Ana Alice De Carli. 126p.
Série 'Direito & Sociedade'

(40) *A qualidade do livro didático de história: no Brasil, na França e nos Estados Unidos da América* (2015)
de Itamar Freitas e Margarida Maria Dias de Oliveira. Ebook
Série 'História'

(41) *Direito e desenvolvimento: diário de um jurista urbano* (2015)
de Carlos Ragazzo. 132p.
Série 'Direito & Sociedade'

(42) *Os desafios da substituição tributária: a incidência do ICMS sobre o vinho* (2015)
de Leonardo de Andrade Costa e Luciana Azevedo da C. Fülöp. 160p.
Série 'Direito & Sociedade'

(43) *A experiência indígena e o ensino de história* (2017)
de Itamar Freitas. Ebook
Série 'História'

(44) *Contribuição de melhoria: dúvidas, soluções, certezas* (2017)
de José Jayme de Macêdo Oliveira. 160p.
Série 'Direito & Sociedade'